배움력

배움력

지은이 | 민도식
펴낸곳 | 북포스
펴낸이 | 방현철

편집자 | 공순례
디자인 | 엔드디자인

1판 1쇄 찍은날 | 2016년 01월 21일
1판 1쇄 펴낸날 | 2016년 01월 28일

출판등록 | 2004년 02월 03일 제313-00026호
주소 | 서울시 영등포구 양평동5가 18 우림라이온스밸리 B동 512호
전화 | (02)337-9888
팩스 | (02)337-6665
전자우편 | bhcbang@hanmail.net

이 도서의 국립중앙도서관 출판시도서목록(CIP)은 e-CIP 홈페이지(http://www.nl.go.kr/ecip)와
국가자료공동목록시스템(http://www.nl.go.kr/kolisnet)에서 이용하실 수 있습니다.
(CIP제어번호: 2016000165)

ISBN 978-89-91120-97-6 03190
값 14,000원

─ 민도식 지음 ─

배움력

공부는
무조건 열심히가 아니라
임계점을 돌파하는 것이다

북포스

임계점을 돌파하는 공부가 필요하다

공부라는 단어를 들으면 가슴이 뛰는가? 단군 이래 지금처럼 공부가 대다수 국민을 상대로 강조된 적은 없었다. '공부하는 독종'이나 '공부하다 죽어라' 같은 자극적인 책 제목부터 학교는 말할 것도 없고 대학이나 관공서의 평생교육원, TV 특강 등 전국 어딜 가나 공부한다고 난리법석이다.

당신이 지금 공부를 하고 있다면 잊지 말아야 할 것이 있다. 당신이 지금껏 공부한 것이 삶을 얼마만큼 변화시켰는지, 그리고 지금 몰두하고 있는 공부가 당신의 삶을 도약시킬 가능성이 있는지에 대해서 말이다. 공부를 계속하고 있음에도 특별히 나아진 것이 없고 나아질 가능성조차 막연하다면, 당신이 지금껏 가져온 공부에 대한 생각을 돌이켜봐야 한다. 이것이 내가 이 책을 쓰는 첫 번째 이유다.

고백하자면 어린 시절 나는 천성이 게으르고 성실과는 거리가 멀었으며 두뇌가 아주 명석한 편도 아니었다. 특별히 타고난 재능을 보인 분야도 없는 그저 평범한 아이였다. 이러하다 보니 공부를 좋아하지 않는 것은 당연한 일이었다. 그렇다고 부모의 욕구를 대리만 족시키고 싶은 미안함 같은 것도 없었던 것 같다. 그러다 보니 학교 공부는 물론이거니와 독서는 남의 세상 이야기였을 뿐이었다. 대학 엘 갔지만 얼치기 독서를 조금 하다가 그만둔 것이 전부였고, 우물 쭈물하다가 학교를 졸업했다. 그렇게 직장에 입사한 스물아홉 살이 되고서야 비로소 제대로 된 공부를 해야겠다고 마음먹게 되었다.

그날 이후 24년째 나는 공부하는 삶을 살고 있다. 앞으로도 특별한 일이 발생되지 않는 한 죽는 날까지 공부하는 삶이 계속될 것이다. 늦게 철이 들어 계속해온 공부는 한 번도 상상해본 적 없는 새로운 나를 발견하게 해주었다. 적성이 뭔지도 몰랐던 내게 강의하고 글을 쓰는 평생 직업을 만들어주었으며, 매일 책과 함께하고 공부와 함께 하는 삶을 살게 해주었다.

그래서 나는 '공부에는 때가 있다'는 말을 반쯤은 믿지만 반은 믿지 않는다. 공부에서 나이는 숫자에 불과하다. 언제 시작하느냐보다는 자신이 원하는 공부를 간절하게 지속적으로 해나가느냐가 더 중요 하다는 것을 경험으로 알았다.

누구에게나 자기에게 맞는 공부 방식이 있고, 공부를 해야 함을 깨 닫게 되는 시기도 다르다. 그때 방향을 정하고 간절하게 꾸준히 해 나간다면, 어느 순간 공부 임계점(critical point)이 돌파되는 순간을 맞이할 것이다. 물질이 근본적으로 변하기 위해서는 절대적으로 요구되는 온도와 압력이 있다. 물질의 성질이 바뀔 때 충족시켜야 하는 이 척도를 우리는 임계점이라고 한다. 공부를 할 때도 마찬가지의 원리가 적용되는데, 이때 필요한 절대적인 시간을 임계점이라 한다. 물이 끓어 액체에서 기체로 완전히 다른 성질이 되려면 100℃라는 임계점을 넘어야 하듯, 공부에서도 완전히 다른 차원에 이르려면 임계점을 뛰어넘어야 한다.

솔직히 나는 공부를 시작할 때는 그게 임계점 돌파를 위한 것인지 알지 못했다. 후에 보니 그것이 '임계점 돌파를 위한 공부'였음을 알게 되었다. 공부에서 임계점을 돌파하고 나면, 공부가 자기만의 독특한 방식으로 삶에 적용되고 새로운 삶을 만들어내는 지적 자본이 된다. 여러분에게도 지금 하고 있는 공부가 그런 공부가 되면 좋겠다. 이것이 이 책을 쓰는 두 번째 이유다.

시작은 누구에게나 두려운 법이다. 하지만 그 두려움조차 당신을 키워주는 거름이 된다. 모든 노력을 거쳐 이윽고 결실을 맞이하면 모두가 당신을 환영해줄 것이다. 그때가 되면 누군가 쉽게 흉내 낼 수 없는 당신만의 지식 세계, 당신만의 아우라가 생긴다. 그 핵심은 곧 지식이 지식에 머물지 않고, 현실의 경험과 더해져 당신만의 길을 열 수 있는 전문가가 되는 것이다.

"좋은 방법을 찾느라고 시간을 낭비하지 마라. 더디더라도 스스로 답을 찾기 위해 어둠을 견뎌라. 그러다 고집스러움이 어리석게 느껴질 때 그때 비로소 고수에게 제대로 질문하라. 좋은 질문이 없는 배움은 항상 독특함을 방해할 뿐이다."

강산이 두 번 바뀌도록 지속되어온, 임계점 돌파를 위한 나의 공부 경험이 당신에게도 특별함을 드러내는 가능성의 실마리가 되면 좋겠다.

민도식

구르지 않는 바퀴는 넘어지고 만다

기적을 찾지 말고 나를 믿어라

배움의 목적과 방향을 정하라

집요하게 임계점을 돌파하라

1장

구르지 않는 바퀴는
넘어지고 만다

"하루를 연습하지 않으면 제 자신이 알고,
이틀을 연습하지 않으면 동료가 알고,
사흘을 연습하지 않으면 청중이 안다."

• 아르투르 루빈스타인 •

계획만 세우다 끝나는 사람들

남산 아래 어리석은 사람 하나가 살았다. 그는 말씨는 어눌하고 성격이 고루하고 게을러 세상일을 알지 못했으며 바둑이나 장기 같은 잡기는 더더욱 알지 못했다. 오직 책 읽는 일만 즐겨, 독서에 몰두하면 추위나 더위도 아랑곳없이 배가 고픈지도 모른 채 책만 읽었다. 그래서 어려서부터 스물한 살이 된 지금까지 하루도 선인들의 책을 손에서 놓아본 적이 없었다. (…) 기이한 책을 보면 좋아서 날뛰고 책 속에서 심오한 뜻을 깨치기라도 하면 기뻐서 이리저리 왔다 갔다 하며 갈가마귀처럼 우짖고 때로는 꿈꾸는 사람처럼 혼자 웅얼거리기도 하였다. 이에 사람들이 그를 가리켜 "책에 미친 바보(看書痴·간서치)"라고 불렀지만,

그 또한 기쁘게 받아들였다.

– 이덕무, 《책에 미친 바보》

우리 주변에는 공부하는 사람들이 아주 많다. 하지만 그 결과를 밑천으로 자기가 원하는 삶의 목표를 이뤄내는 사람은 점점 줄고 있다. 왜일까? 남들이 하는 만큼, 비슷한 방식으로 해서는 소용이 없는 세상이 되었기 때문이다.

"미래를 위해 공부가 필요한가요?"라는 질문에는 90퍼센트가 그렇다고 답하지만, "자기가 원하는 성장지도나 학습 계획을 가지고 체계적으로 공부하고 있습니까?"라고 질문을 바꾸면 그렇다고 답할 수 있는 사람은 10퍼센트를 넘지 않는다. 왜 그럴까? 정신없는 현실에 치여 사느라 이상적으로 바라는 모습을 현실적인 모습으로 착각한 채 살아가기 때문이다. 임계점 돌파를 위한 공부로 원하는 목표를 이루기 위해서는 '공부하는 삶이 필요하다'는 데 동의하는 것만으로는 안 된다.

이상론은 대개 숲을 보는 것에 가깝다. 일반적이자 추상적이며 사회 분위기가 그렇다는 것을 보여줄 뿐이다. 경쟁 사회를 살아가기 위해서는 공부를 해야만 한다는 사회적 요구와 직업상 요구가 혼재되어 있을 뿐만 아니라, 은퇴 후의 장기적 걱정까지도 포함된 것이 이상론이다.

임계점을 돌파하는 공부가 되기 위해서는 숲을 보는 이상론을 넘어 자기가 좋아하는 나무의 종류에 대해 전문가로서의 모습을 보일 수 있어야 한다. 그러려면 다른 사람의 이야기가 아니라 자기만의 구체적인 실천 경험이 있어야 한다. 우리는 숲과 나무를 동시에 보는 능력을 가진 사람을 전문가라고 부른다. 여기서 몇 단계를 더 도약할 때 그를 우리는 대가(大家)라고 부르며 열광한다.

1990년대 초반의 일이다. 신입사원 교육을 받을 때 한 강사로부터 "미래를 위해 수입의 10퍼센트 정도는 자기 자신에게 투자해야 한다"는 이야기를 들은 적이 있다. 그 후 나는 24년간을 계속해서 수입의 10퍼센트 정도를 공부에 투자하는 삶을 살고 있다. 그 강사가 인(人)테크라는 숲으로 안내해준 덕에 나는 24년을 고집스럽게 내가 좋아하는 나무를 찾아 가꿀 수 있었다. 그 시간은 몰랐던 나의 재능을 발굴해주기도 했고, 여러 경험과 합쳐져서 제3의 영역이 만들어져 나만의 독특함이 드러나게도 했다.

만약 당신도 삶의 목표에 도달하고자 한다면, 이상론에 그칠 수 있는 숲으로 가는 안내도만 들고 있지 말고 당신만의 고유한 나무를 찾아 정성껏 가꾸어 한 분야에서만이라도 최고의 전문가가 되어야 한다.

우리 삶이 새로워지는 것은 단순히 결심을 해서가 아니다. 이상적 공감이 구체적이고 특별한 체험으로 이어질 때 구체적 변화를 경험하게 된다. 막연한 희망에 기대기보다는 실천을 통해 얻는 성과나 시행착오의 경험이 당신을 위대하고 가치 있는 삶으로 안내할 것이다. 따라서 임계점 돌파를 위한 실천적인 공부는 '초심을 잊지 않고, 도끼를 갈아 바늘을 만든다'는 것만큼 어렵지만, 계획만 세우고 끝내서는 안 된다.

한때 자기계발 열풍이 식을 줄 모르게 불타오른 적이 있었다. 스티븐 코비의 《성공하는 사람들의 7가지 습관》,《꿈꾸는 다락방》에 나오는 방식을 따르면 누구든 원하는 삶을 살 수 있으리란 분위기가 대단했다. 꽤 시간이 흐른 지금, 자기계발서에서 가르쳐주는 시스템을 적용해서 삶이 획기적으로 변했다는 사람을 만나기는 쉽지 않다. 비슷한 방식을 흉내 낸다고 해서 지속적인 경쟁력을 확보할 수 있는 지적 자본을 만들기는 어렵기 때문이다.

이상론이나 멋진 숲을 말하는 건 근사하게 보일 수 있다. 탁월하고 간결하고 논리적이고 시스템적이며, 겉보기에 유혹적이기까지 하다. 반론의 여지가 없을 정도로 완벽해 보인다. 하지만 거기까지다. 스티븐 코비의 방식이 숲으로 안내하는 지도라면, 당신은 숲으로 들어가서 당신이 좋아하는 나무의 종류를 정하고 숲을 가꾸어야 한다. 바로 그 경험이 전문가로 변신하는 진정한 힘이기 때문이다. 자신이 좋아하는 나무를 찾는 길은 복잡하고 변수도 많을뿐더러 난관이 많다. 지도만 볼 때는 쉬워 보였겠지만 말이다. 지도에 나오는 숲과 그 숲에 뛰어들어 자신의 나무를 찾아 가꾸는 일, 그 차이가 성공과 실패를 가르는 1밀리미터다.

누구나 자신이 원하는 삶을 살기 위해서는 임계점 돌파를 위한 공부를 해야 한다. 다른 사람들이 이야기하는 개념이 자기만의 독특한 체험을 통해 지혜로 드러나야 한다. 이론에 머무는 것이 아니라 치열한 실천을 통해 자기만의 새로운 성공 시스템을 만들어야 한다. 그런 면에서 숲을 보는 공부가 전체 흐름을 이해하는 데 도움이 된다면, 당신이 좋아하는 나무를 찾고 가꾸는 공부는 당신만의 특성을 찾아 전문가로 나아가는 실천력과 관련된다. 위대한 삶에 도전하기 위해서는 앞서 소개한 조선 후기 실학자 이덕무처럼 '공부에 미친 바보', 즉 공부치(工夫痴)가 되어야만 한다.

─────── 임계점을 돌파하는 공부 5단계

임계점 돌파를 위한 공부에 도전한다는 것은 계획을 구체적인 실천으로 전환하는 과정이다. 그리하여 전문성으로 당신의 독특함을 세상에 드러내는 것이다. 임계점 돌파하기 공부의 5단계는 '꾸준함, 선택, 집중, 임계점 돌파, 자기만의 방법 만들기'다. 이러한 시스템을 당신의 삶에 정착시켜야 한다.

1단계 | 꾸준함: 매일 꾸준히 자신이 원하는 공부를 해야 한다

당신은 공부의 방향과 목표를 정해서 매일 공부를 하고 있는가? 지속적으로 실천하지 않는다면 위대함이란 가슴에 늘 품고 사는 이상으로 끝날 수도 있다. 평범함을 뛰어넘어 전문가로 도약하고 싶다면 당신이 진정으로 원하는 공부를 꾸준하게 10년 정도는 해야 한다. 평일에 시간이 없다면 일주일 단위로 끊어서 공부할 수 있는 절대시간을 확보해야 한다. 그러자면 공부가 생업을 제외한 것 중 첫번째 실천사항이 되어야만 한다.

2단계 | 선택: 자신의 재능이 발휘될 수 있는 분야를 선택해서 먼저 공부한다

어떤 분야에서건 최선을 다해보지 않은 사람, 중도에 포기한 사람은 자신이 뭘 잘하는지 뭐가 적성에 맞는지 알기 어렵다. 재능을 찾아야 한다는 말은 많지만 말처럼 간단치 않은 이유가 여기에 있다. 뭘 공부해야 할지 막막하다면 '공부를 해야 하는 이유, 가치의 우선순위, 본인이 진정으로 하고 싶은 것' 이 세 가지를 먼저 정한다. 그런 다음 그와 관련된 공부를 시작하는 것이 숲으로 들어가 자신이 좋아하는 나무를 찾는 비교적 쉬운 방법이다.

또 다른 방법으로는 생존형 공부와 실존형 공부를 나눠서 투 트랙 (two track) 방식으로 실천하는 것이다. 하나의 트랙인 생존형 공부는 현재 맡고 있는 일이나 경험의 전문성을 극대화할 수 있는 방향으로 공부하는 것을 말한다. 전문성을 인정받을 수 있는 자격증 취득, 차별화된 프로젝트 기획서, 경험한 내용을 책으로 펴내는 활동 등이 이에 속한다. 또 다른 트랙인 실존형 공부는 '당신이 세상에 태어나서 꼭 하고 싶었던 일'에 바탕을 두고 정체성과 실존을 찾아가는 공부를 하는 것이다. 관심 주제를 정해서 그 분야의 전문성을 높이는 것이다.

투 트랙 방식에서 성공하려면 모든 것을 잘하려는 욕심을 내려놓아야 한다. 하나의 분야에서 탁월한 수준에 이르는 최고의 비결은 자신이 잘하는 분야에서 제대로 한 번 해보는 것이다.

3단계 | 집중: 하지 않을 일을 없애고 해야 할 일에 몰입하고 집중한다

많은 사람이 공부를 한다고 하면서 베스트셀러를 읽거나 회사에서 나눠준 책을 억지로 읽는다. 심지어 책을 읽기보다는 요약본이나 독후감을 구해서 읽는 좀더 쉬운 방법을 택하기도 한다. 하지만 그렇게 해서는 탁월한 성과를 내기는 어렵다.

임계점 돌파하기 공부의 최적 조건은 삶을 단순화하는 것이다. 삶의 단순화란 '하고 싶은 일'에 집중하기 전에 먼저 '하지 않아도 될 일'을 정리하는 데서 출발한다. 나는 이것을 '에너지 총량 법칙'이라고 부른다. 모든 사람에게는 하루에 쓸 수 있는 에너지가 정해져 있는데, 그것을 어디에 사용하느냐에 따라 미래도 달라진다는 법칙이다.

업무도 잘하고, 취미생활도 하고, 술도 마시고, 동호회에도 나가고, 책도 읽고, 가족과 여행도 주기적으로 갈 수 있다면 얼마나 멋진 삶인가? 그러면서 승진도 제때 하고, 퇴직 후의 삶까지 준비되어 있다면 말이다. 하지만 그런 삶은 이상적으로나 그리는 것일 뿐, 현실에서 실현되긴 어렵다. 하고 싶은 것만 좇아 다녀서는 임계점을 돌파할 수 없다.

하지 않아도 될 일을 정리하지 않는 한 하고 싶은 일에 집중할 시간은 언제나 부족하다. 누구든 자기가 원하는 삶을 살기 위해서는 정말 중요한 한두 가지에 모든 힘을 쏟아야 한다. 하고 싶고, 좋아하고, 즐거움을 주는 많은 것을 포기하지 않고서 전문가가 된 사람은 드물다. 간절히 원한다면 하나를 선택한 후 거기에 몰입해야 한다. 그래야만 임계점을 돌파할 수 있다.

4단계 | 임계점 돌파: 10년 정도 계속해서 임계점을 돌파하고 탁월함으로 나아가야 한다

공부의 임계점을 이야기할 때 흔히 말하는 것이 1만 시간의 법칙 또는 10년 법칙이다. 캐나다 맥길대의 신경과학자 다니엘 레비틴 교수의 연구에 따르면, 어느 분야에서든 세계적 수준의 전문가 지위에 오르려면 적어도 1만 시간의 연습이 필요하다고 한다. 1만 시간은 하루도 거르지 않고 날마다 3시간씩 투자할 경우 약 10년이 걸리는 시간이다. 일주일 동안 21시간을 공부해야 한다는 얘기다. 하지만 생업에 충실하면서 매일 3시간씩 규칙적으로 공부하기는 누구에게도 쉬운 일이 아니다. 그럴 땐 주말을 효과적으로 활용해야 한다. 주말만 제대로 쓸 수 있다면 일주일에 21시간을 공부하는 것이 꼭 어려운 것만도 아니다.

하지만 유념해야 할 것은 임계점을 돌파하는 공부가 되기 위해서는 반드시 자신의 재능이 있는 분야를 찾아야 한다는 점이다. 자신이 좋아하고, 잘하고, 즐길 수 있는 곳에 도전해서 임계점을 돌파해야만 비로소 도약을 할 수 있다. 1만 시간의 법칙을 아는 것이 숲으로 안내하는 지도라면, 재능 있는 분야를 찾아 임계점을 돌파해서 전문가의 경지에 올라서는 것은 당신이 좋아하는 나무를 찾아 남다르게 가꾸는 것이다.

공부에서 임계점을 돌파하고 나면 공부의 결과들이 비로소 드러나게 된다. 이때가 되면 당신을 대하는 주위 사람들의 태도가 바뀐다. 모르는 것을 물어보는 사람이 늘어나고 당신을 멘토나 스승으로 부르는 사람도 생긴다. 원리와 본질을 꿰뚫고 있어 다른 사람들에게 실마리나 통찰을 줄 수 있다고 여겨지기 때문이다. 그런 능력을 가진 당신에게 스스로도 놀라겠지만, 사회도 당신을 다시 보게 된다. 전문가나 대가가 되면 그 지식과 통찰력을 필요로 하는 사람들이 몰려들어 도움을 요청하게 된다. 그때가 되면 먹고사는 일을 걱정하며 불안해할 일이 없어진다.

만약 직장생활을 하는 사람일 경우 이 단계에 이르면 퇴직을 고려해볼 수 있다. 만약 퇴직한 후 1~3년간 현재 수입의 3분의 2 정도는 벌 수 있다는 확신이 든다면 새로운 인생에 도전하는 것도 나쁘지 않다. 하지만 그럴 자신과 용기가 없다면, 지금 하는 일을 더 열심히 하면서 길게 보고 기회를 만들어가는 것도 괜찮다.

5단계 | 자기만의 방법 만들기: 독특함으로 자신을 세상에 브랜딩한다

주변에 전문가로 인정받는 사람들을 보라. 그들은 다른 사람에게서 발견할 수 없는 독특함을 세상에 접목해서 자기만의 영역을 만든 사람들이다. 그것은 흉내 내고 싶다고 흉내 낼 수도 없고, 닮고 싶다고 닮을 수 있는 영역이 아니다. 벤치마킹이나 멘토링이 늘 한계를 가지는 이유이기도 하다. 임계점을 돌파해서 탁월함을 보여주는 사람들은 현재보다는 미래의 모습이 더 궁금해지는 인물이 된다. 임계점을 돌파해낸 지적 자산이 성장의 나선구조를 타면 시간이 지날수록 새로운 사람으로 거듭나게 된다. 그러면 은퇴 시기를 스스로 결정할 수 있게 된다. 그래서 임계점을 돌파하는 공부가 중요하고 그 다음이 더 기대되는 것이다.

한평생 살면서 만날 수 있는 사람, 가볼 수 있는 장소, 해볼 수 있는 역할은 누구에게나 제한되어 있다. 한 사람이 지니는 능력의 한계이자 가능성이다. 공부는 한계와 가능성을 동시에 담고 있다.

지금 당신에겐 어떤 간절함이 있는가? 현재 구체적으로 실천 중인 공부는 무엇인가? 그것이 곧 10년 후 당신의 변화된 모습이자, 30년 후 당신의 미래상이다. 늘 결심만 하다가 시간을 허비하지 말고, 임계점 돌파하기 공부로 당신도 모르는 자신의 독특함을 발견해보자.

공부는 마라톤이자 삶 자체다

배움은 언제나 나를 고무시켰고 힘을 주었으며, 존엄과 신념 그리고 즐거움과 만족을 주었다. 배움은 가장 티 없이 깨끗하고 떳떳한 것이며 가장 진실한 것이었다. 아무 일도 할 수 없는 역경에 처했을 때 배움은 파도에 휩쓸리지 않도록 매달릴 수 있는 유일한 구명 부표였다. 양식이자 병을 막아주는 백신과 같았다. 배움이 있었기에 비관하지 않을 수 있었고, 절망하지 않을 수 있었으며, 미치거나 의기소침해지거나 타락하지 않을 수 있었다. 배움은 유일한 권리였다.

— 왕멍, 《나는 학생이다》

왕멍은 문화부 장관을 지냈으며 네 번이나 노벨상 후보에 오른, 중국인들에게 존경받는 인물이다. 하지만 그는 젊은 시절 우파로 찍혀 16년간이나 유배생활을 했다. 이렇듯 위대한 인물에게는 고난을 슬기롭게 이겨낸 시간이 있다. 역경은 사람을 강인하게 만들고 인간적으로 성숙시킨다.

임계점 돌파하기 공부는 성공적인 삶의 마중물과 같다. '습관은 제2의 천성이다(Consuetudo est altera natura)'라는 말은 공부에서도 예외가 아니다. 처음에는 힘이 들겠지만, 자신의 재능과 결합된 분야를 찾고 나면 시간이 갈수록 부담이 적어지고 즐거운 공부가 될 수 있다.

흔히 인생을 마라톤에 비유하는데 공부 또한 마라톤과 같다. 자신이 뛰어야 할 거리를 알지 못한 채 무작정 달린다면 1킬로미터도 달리기 전에 지치고 만다. 공부 또한 학습 계획을 세우지 않고 닥치는 대로 한다면 마음가짐 자체가 느슨해지고, 효율도 높지 않다.

당신은 장기적으로 어떤 공부 계획을 가지고 있는가? 삶에서 장기적 계획을 가지고 있는 사람은 왕멍과 같이 고난을 슬기롭게 이겨낼 수 있지만, 미래 계획이 없는 사람은 바람 앞의 등불처럼 위태롭게 살아갈 뿐이다. 지식사회에서 배움을 자본으로 자신이 원하는 인생을 살아가려면 자기가 좋아하는 분야를 찾고 꾸준하게 공부해서 임계점을 돌파하여 전문가의 역량을 갖춰야 한다.

장기적 계획을 세우고 열심히 한다고 해서 누구나 성과를 만들어내는 것은 아니다. 많은 이들이 아직도 근대적인 방식으로 공부에 접근한다. 하지만 수십 년 동안 쌓은 직업적 전문성이 하루아침에 쓸모없어지는 시대에는 개인마다 공부에 접근하는 방법이 달라야 한다. 창조경제와 제2의 기계 시대가 도래하면서 대부분이 알고 있는 범용형(汎用型) 지식이나 기술만으로는 이제 생존조차 책임질 수 없게 되었다. 새로운 시대에는 새로운 유형의 공부 방법이 필요하다. 이것이 평생직장이라는 안정된 고용사회가 저물어가는 현시대의 요구이자, 진짜 공부다.

즉 개인별로 독특함을 드러낼 수 있는 두더지형, 맞춤형 공부를 해야 한다는 뜻이다. 어떤 직업에 종사하건, 남자건 여자건, 생존형 공부와 실존형 공부의 균형을 통해 자신의 가능성을 새롭게 시험해야 한다. 그 시기는 빠를수록 좋다.

─────── 마라톤 공부의 다섯 가지 원칙

공부할 때 가장 쉽게 접근할 수 있는 방법이 '마라톤 공부법'이다. 오랜 기간 손을 놓고 있다가 다시 시작해야 한다는 건 누구에게나 두려운 일이다. 공부의 목적이 완주에 있다면, 앞 사람이 몇 킬로미터를 앞서 달린다고 신경 쓸 필요는 없을 것이다. 중도에 포기한들 당신에게 잔소리할 사람은 없다는 점이 마라톤 공부법의 장점이다.

장기적으로 공부한다는 것은 자신의 커리어를 어떻게 만들 것인가와 관련이 있다. 오늘 공부에 투자하는 시간이 미래 어떤 시기에 지적 자본으로 활용될 수 있다는 전제로 시작하기 때문이다. 그런 목적으로 임계점 돌파하기 공부를 시작했다면 치밀한 목표를 정한 후, 수시로 발전 상태를 점검하고, 스승에게 배우고, 도전한 분야를 마무리 짓는 과정을 반복해야 한다.

'내가 진정으로 원하는 인생은 무엇인가?'라는 질문에 답을 찾는 마라톤 공부가 된다면 에너지가 흩어지지 않고 몰입할 수 있기에 임계점 돌파가 쉬워진다. 하지만 꾸준히 공부하기 위해서는 다짐만으로는 부족하고, 할 수밖에 없는 시스템을 만들어야 한다. 시스템을 만드는 다섯 가지 원칙은 다음과 같다.

첫째 | 공부가 취미의 1순위가 되도록 한다

여유시간이 날 때 당신은 무엇을 하는가? 여유시간이 스마트폰 게임, SNS, 골프, 캠핑, 낚시, 등산, 수다, TV 보기 같은 것으로 채워진다면 미래를 위한 준비가 부족하다는 증거다. 회사에 다니면 하루하루가 바빠 미래를 생각하며 차근차근 준비하기가 어렵다.

주 5일 근무가 정착된 후 이런 증상은 더 심해졌다. 스트레스 강도가 갈수록 심해지면서 힐링이 대세가 되었다. 그러다 보니 여유시간 대부분을 즐거움을 누리는 것으로 채운다. 사유하는 능력이 점점 퇴화되어간다. 하지만 지적 자산으로 미래를 대비하고자 하는 사람이

라면 당연히 공부가 취미의 1순위가 되도록 관리해야 한다. 여유시간이 날 때마다 공부를 밥 먹듯 해야 한다. 그래야만 임계점을 돌파하는 공부단계에 들어설 수 있다.

둘째 | 공부하는 절대시간을 확보한다

공부가 취미 1순위가 되었다면, 공부하는 절대시간을 확보하고 관리해야 한다. 하루 몇 시간보다는 일주일 단위로 시간을 정하는 것이 좋다. 예컨대 '일주일에 10시간' 하는 식으로 말이다. 그러면 주중에 바쁜 일이 있을 때는 건너뛰고 주말에 집중적으로 공부할 수 있다. 토·일요일 이틀만 잘 활용하더라도 10시간을 확보하는 것이 터무니없는 목표가 아니다.

이 패턴이 어렵다면 평소에 자투리 시간을 잘 활용하는 방법을 고려하는 것이 좋다. 출퇴근 시간, 점심 식사 후, 사람을 기다리는 시간 등을 잘 활용하기만 하면 의외로 많은 시간을 확보할 수 있다. 일찍 출근해서 시간을 버는 방법도 좋다.

절대시간을 확보하려면 '나는 나'라는 의식과 함께 남의 눈치를 보지 않는 습관을 기르는 것도 필요하다. 정말로 자존감이 높은 사람은 주변 사람을 통해 자기실존을 확인받으려고 하지 않는다. 우리가 자투리 시간을 잘 활용할 수 없는 이유는 다른 사람의 눈치를 살피거나 세상이 어떻게 돌아가는지 관찰하느라 대부분의 여유시간을 낭비하기 때문이다.

임계점 돌파하기 공부로 삶을 바꾸겠다고 한다면 매일 뭔가를 실천해야 한다. 작은 노력이 꾸준히 쌓이면 하나의 형태가 되고, 그것이 점점 커지면서 임계점을 돌파하면 전문가적인 능력으로 변환되는 것이다. 매일 조금씩 낙숫물을 흘려보내 보자. 아무리 단단하던 바위라도 구멍이 뚫릴 것이다.

셋째 | 관심 분야를 찾아 5년 단위로 나눠서 집중적으로 공부한다

독하게 공부하려고 마음먹었다면 이것저것 손대지 말고 잘할 수 있는 한 분야를 선택하고 집중해야 한다. 한 분야에서 전문가로 인정받으면 더 나은 분야로 나아갈 수 있는 성장의 나선구조를 타게 된다. 어떤 분야를 공부해야 할지 찾기 어렵다면 지금 하고 있는 일에 최고의 전문가가 되는 것을 목표로 정하면 될 것이다.

한 분야에 전문가가 되고 나면 다른 분야로 확장하기가 쉽다. 일주일에 10시간씩 5년을 계속한다면, 하루 12시간씩 216일을 쉬지 않고 공부하는 것과 같은 효과가 있다. 아주 어려운 분야가 아니라면 전문가가 되는 데 필요한 절대시간으로 충분하다. 잘 활용한다면 대학원에 입학해 박사 학위에 도전하는 것보다 훨씬 더 깊이 있게 공부하는 방법이 된다.

써먹지 못할 공부인지도 수시로 점검해야 한다. 그렇지 않으면 곧 지쳐서 포기할지 모른다. 재미도 없을 것이다. 사람이 전망할 수 있는 기간은 그리 길지 않다. 무언가 열심히 하면 할 수 있을 것 같은 최대치가 5년일 때, 중장기적 목표관리를 가장 잘할 수 있다.

넷째 | 세상에 드러낼 수 있어야 한다

성장을 점검하는 방법으로는 여러 가지가 있다. 자신이 잘하는 분야에서 소수만 가지는 자격증에 도전해볼 수도 있고, 자신이 경험한 분야를 정리해서 책으로 출간할 수도 있으며, 그 일과 관련된 사이드 잡을 갖기 위해 준비할 수도 있다.

만일 지금 하는 일을 그만둔다면, 현재 당신이 준비하고 있는 분야의 공부로 얼마만큼의 수입을 낼 수 있는지 시장에 접목해보는 것도 좋은 방법이다. 현재 수입의 3분의 2 정도를 벌 수 있다는 확신이 선다면, 임계점을 넘어 전문가적 역량을 쌓은 것으로 해석해도 될 것이다.

편안함이 때론 문제가 되기도 한다. 태풍이 오기 전에는 고요하고, 사건·사고가 일어나기 전에는 늘 아름답기만 한 것이 세상이다. 지금 만사가 편안하다면, 지금이 바로 공부를 제대로 시작할 적기라는 사실을 상기하자.

다섯째 | 주기적으로 스승에게 배운다

혼자 공부하면 어느 순간 지치게 된다. 아무리 의지력이 강한 사람이라 하더라도 언제 쓸모가 있을지 모를 공부를 지속적으로 이어가긴 쉽지 않다. 이런 이유 때문인지 전문가 주변에는 좋은 스승들이 많다. 전문가가 되려면 먼저 전문가에게 물어보라는 말이 있다. 전문가라고 함은 대개 평범한 사람들이 고민하는 부분을 먼저 경험하고 그 과정에서 자기만의 독특함을 만든 사람들이기 때문이다.

그러므로 한 분야에서 도약하고자 할 때 스승에게 일대일 코칭을 받는 것은 아주 효과적인 방법이다. 혼자 책을 통해 배우는 것보다는 훨씬 더 세밀하게 진단받고 부족한 부분을 채워나갈 수 있기 때문이다.

성장을 갈망한다면 부러움과 질투도 다룰 수 있어야 한다. 스승을 통해 느끼는 질투는 당신이 어디에 닿고 싶은지에 대한 목표점 역할을 해준다. 주기적으로 가르침을 주는 스승 세 분을 모시는 삶이 되도록 해보자.

공부를 하는 것은, 스포츠에 비유하자면, 후보 선수가 주전이 되기 위한 준비 기간이라 할 수 있다. 실력을 갖추지 않으면 기회가 오더라고 붙잡을 수 없는 게 당연지사다. 임계점 돌파를 위한 공부를 목표로 삼는다면 지금 누리고 있는 뭔가를 버려야 할지도 모른다. 그것이 어쩌면 현재 당신이 가장 좋아하는 취미일 수도 있다.

낙숫물이
바위를 뚫듯이

"어떻게 인물등록이 된 사람이 되었습니까?"라는 질문을 가끔 받는다. 사회적으로 엄청난 공헌을 한 것도 아니고, 길이 남을 연구 업적을 낸 적도 없으며, 모두가 부러워할 만한 사회적 지위를 가진 적도 없음에도 작가로서 인물등록이 되었는데, 그것은 지난 24년간 주도적인 공부를 하겠다는 목표를 세우고 쉬지 않고 꾸준히 해왔기 때문이라고 여긴다.

꾸준함이란 곧 밥을 먹는 것과 같은 것이다. 파스타나 피자를 먹는다 해도 얼마간은 살아갈 수 있지만, 밥을 먹지 않고 건강을 유지한 채 살 수는 없다. 공부 또한 밥 먹는 것과 같이 매일 계속해야 어느 순간 임계점 돌파를 경험할 수 있다. 나는 밥 먹듯 24년을 공부하고 있다. 그 과정에서 덤으로 몇 권의 책을 쓸 수 있었기에 인물등록이 된 것이라 여긴다.

우리는 대개 좀더 빛나는 미래가 다가오길 기대하며 하루를 산다. 때로는 그 열망이 너무나 강렬해서 혜성과 같이 나타난 스타처럼 되었으면 하며 조급해하기까지 한다. 하지만 세상에 조급함으로 이룰 수 있는 건 거의 없다. 모든 위대함은 한 분야의 전문가로 우뚝 설 때 주어지는 선물 같은 것이기 때문이다. 그러려면 하나의 목표를 선택한 후 다른 유혹들을 물리치고 몰입과 집중을 통해 임계점을 돌파해야 한다.

나는 작가의 삶과는 아주 거리가 먼 학창 시절을 보냈다. 초등학교 3학년 때 '고전읽기부'에 뽑힌 적이 있었지만, 한 번 참석한 후 재미가 없어 도망쳤고, 이후 성인이 될 때까지 독서와는 거의 담을 쌓고 지냈다. 대학 입학 후 한 여학생을 짝사랑했는데 그때는 남들 하듯이 윤동주, 김소월, 한용운, 바이런, 워즈워스, 모윤숙, 유치환, 릴케, 박인환, 보들레르, 프루스트 등의 시를 베껴서 보내곤 했다.

그러던 어느 날 '왜 남의 시를 베껴서 보내야만 하지?'라는 의문이 들었다. 열아홉 살 어느 가을날의 일이다. 나는 일기장 뒷면에 시를 흉내 낸 글을 썼다. 그게 내 인생에서 창작활동의 시작이었을 것이다. 그 글들은 여자 친구에게 사랑을 고백할 때만이 아니라 갈등이 생겼을 때도 도움이 되었다. 게다가 친구들이나 후배들의 사랑 고백을 위해 내가 쓴 시를 빌려주는 만용을 부리기도 했다(두 명은 그렇게 결혼해서 잘 살고 있다).

그러다가 백지로 된 책을 사서 직접 시집을 만드는 용감함을 보였다. 가끔 습작노트를 보고서 책으로 출간하라는 말을 건네는 사람들도 있었지만, 작가란 특별한 사람만이 되는 것인 줄 알고 살았다. 오랜 시간이 흐르고 회사생활을 하다가 무료해진 1996년 여름, 불현듯 그동안 써온 시를 정리해서 책으로 엮어 지인이나 회사 동료들에게 선물하고 싶다는 충동을 느꼈다.

내 삶의 도전 대부분이 그러했듯이 바로 출판사에 전화해서 실행에 옮겼다. 그렇게 첫 책《인연》이란 시집을 출간하면서 시평을 해준 송유미 시인을 만났고, 그의 권유로 1997년 계간지《시와 산문》가을호를 통해 시인으로 등단하게 되었다. 1998년에《언제나 타인일 수 없는 우리는》이란 시집을 한 권 더 출간했다. 내가 시인이 된것은 15년간을 꾸준히 일기장 맨 뒷면에서 앞쪽으로 써온 습작일기의 결과였다. 아마 나는 그 시를 쓰기 위해 많은 밤을 홀로 지새우기도 하고, 계절의 변화에 따라 그 흐름을 이해하려고 깊은 숨을 내쉰채 오감을 모두 동원했을 것이다.

한참의 시간이 흐른 후 중국 주재원 생활의 경험을 토대로 2004년《민도식 중국, 좌충우돌 체험기》를 출간했으며, 인생의 주체적 삶에 대해 2008년《민도식의 자기경영 콘서트》란 책을 출간했다. 그리고 책과 함께 보낸 20년간의 경험을 토대로 2010년《나를 확 바꾸는 실천독서법》이란 책을, 40대 직장인의 정체성과 미래 준비에 관해 2011년 《나는 언제까지 회사를 다닐 수 있을까》라는 책을 출간했다. 그리고 몇 권의 동인시집을 냈다.

특별히 뭐가 되겠다고 준비한 것이 아니라 어떻게 하다 보니 우연히 작가가 된 것이다. 그래서인지 가끔은 내가 작가가 된 것에 대해 호기심을 느끼던 사람들도 이런 평범한 이야기를 들려주면 실망스러운 눈빛을 보이기까지 한다.

하지만 나는 아직도 작가로 불러주는 것이 낯설다. 출간한 책 내용이 아주 뛰어나다고 여기지 않기에 더욱 그렇다. 하지만 이왕 작가가 되어버린 이상 좀더 괜찮은 글을 쓰는 작가가 되고 싶다는 욕심은 있다. 그래서 죽기 전에 손자 대에도 읽을 가치가 있는 책 한 권은 꼭 내고 싶다는 목표로 꾸준히 공부하고 있다.

내가 작가가 된 것은 특별함보다는 삶이 위기에 처할 때마다 뭔가를 오랜 시간 꾸준히 해온 결과물이자, 생각에 머물지 않고 실행하면서 임계점을 돌파하려고 다양하게 시도해왔던 노력의 결과물이다. 24년의 꾸준한 공부를 통해 얻은 것이 있다면, 공부와 관련된 일을 계속할 수 있다는 것이다. 은퇴를 고민해야 하는 나이에 이른 지금, 전문성을 가지고 더 발전된 노력을 계속할 수 있고 은퇴 걱정을 하지 않아도 되니 참으로 고마운 일이다.

아무리 평범한 사람이라도 자신이 지금 집중하고 있는 일에 대해 깊은 생각을 하다 보면 새로운 방법을 만들 수 있다. 주도적이라면 더욱 그렇다. 새로운 방법을 찾는 데는 남의 것을 모방하는 방법도 있고, 시행착오를 겪더라도 스스로 발견해서 성장하는 방법도 있다. 어떤 것이 옳은지에 대해서는 논란의 여지가 있는 것도 사실이다.

이것은 참고서를 가지고 문제풀이를 할 때 느끼는 감정과 같다. 해답을 알 수 없을 때 바로 정답이나 문제풀이 페이지를 보는 것이 첫 번째 방법이라면, 시간이 걸리더라도 고민하면서 답을 찾으려는 과정을 거쳐 정답이나 문제풀이 페이지를 보는 것이 두 번째 방법이다. 확실히 알지 못한다는 점에서는 같지만, 그런 행위가 한 번으로 그치지 않고 계속된다면 첫 번째 방법과 두 번째 방법은 시간이 갈수록 확연하게 차이가 난다. 대개 발전하는 사람들은 두 번째 방법에 더 많은 시간을 투자하는 이들일 것이다.

임계점을 돌파하여 전문가가 되기 위해서는 반드시 두 번째 과정을 즐겨야 한다. 《내 인생의 첫 책쓰기》나 《뼛속까지 내려가서 써라》와 같은 책을 읽어도 습작을 하는 데 크게 도움이 되지 않는 것은 첫 번째 방법으로 문제를 풀기 때문이라고 나는 생각한다.

나 역시 처음 공부를 시작할 때는 책을 읽어야 한다는 강박관념이 강했다. 10퍼센트를 자기계발에 투자해야 한다는 거시적 목표를 가지고 도전했지만 '어떤 책을 읽어야 하는지'가 첫 번째 고민이었고, '어떻게 읽을 것인지'가 두 번째 고민이었다.

　하지만 고민은 늘 고민으로 남는 법이다. 고민할 시간에 책을 읽는 행위를 꾸준하게 이어가는 것이 중요하다고 여겼기에 일주일에 한두 번은 퇴근 시간에 반드시 서점에 들러 책을 사고, 그 책을 항상 가까이 둘 수 있는 방법을 연구했다. 그냥 책을 들고 다니기가 부끄러워서 가방을 준비했고, 가방엔 항상 책 한두 권과 필기구를 넣고 다니는 것을 습관화했다. 책을 읽을 때는 반드시 필기구를 준비하는 것도 습관화했다. 그런 습관이 붙으니 어느 날부터는 책 읽기가 의무감이나 강박에서 즐거움으로 조금씩 바뀌기 시작했다.

　공부를 통해 자신이 모르는 위대함에 닿고자 하는 사람들에게 참고가 될 것 같아 소개한다. 내가 경험한 '성장의 계단을 오르는 공부의 8단계'를 정리하면 다음과 같다. 이 순서는 내가 공부를 통해 단계적으로 성장하는 데 도움이 되었다는 것이지, 표준적인 과정은 될 수 없음을 밝힌다.

　하지만 꾸준히 공부할 수 없는 사람들의 특징은 대개 책은 읽으나 대부분 이 과정이 생략되어 있음을 확인할 수 있다. 꾸준함이란 낙숫물이 바위를 뚫는 것과 같다. 한두 번, 한두 달 해서는 효과가 없고 최소한 10년 정도는 밥을 먹듯이 이런 일을 반복해야 한다. 당신도 속는 셈치고 그냥 따라 했으면 좋겠다.

1단계 | 줄 긋기: 읽지만 말고 마음이 가는 구절에 줄을 긋자

책을 읽으면서 첫 번째 하게 된 행위가 줄을 긋는 것이었다. 책을 읽다가 좋은 구절이 보이면 누구나 가슴에 담고 싶은 충동을 느낀다. 모든 책에는 당신의 마음을 끌어당기는 부분이 꼭 있기 마련이다. 그럴 땐 무조건 그 구절에 줄을 그어야 한다. 그렇게 해놓으면 책에 좀더 애착을 느끼게 된다. 설령 당장 남는 것이 없다고 느껴질지라도 줄을 그음으로써 한 권의 책을 읽은 과정이 흔적으로 남아 책과의 거리를 훨씬 가깝게 한다. 이는 책을 구입한 물질적 소유가 비로소 책을 읽은 후의 정신적 소유로 바뀌는 지점이다.

위대함을 위한 공부를 계속하려면, 이 방식은 첫 번째 넘어야 할 관문이다. 줄 긋기를 하면서 공부하는 것의 장점은 시간이 한참 지난 후 다시 읽거나 참고자료를 찾을 때 시간을 단축시켜준다. 책 내용이 궁금할 땐 언제라도 꺼내서 줄 그은 부분만 읽어도 된다. 그것만으로도 책의 핵심을 이해할 수 있고, 당신이 그 책을 읽을 때 관심 가졌던 부분이나 감명받았던 구절을 쉽게 찾아낼 수 있다. 더 중요한 것은, 당신 눈에는 보이지 않지만, 그 과정들이 낙숫물처럼 조금씩 바위에 구멍을 낸다는 것이다.

혹자는 줄을 긋는 것이 사색의 흐름을 방해하거나 나중에 다시 읽을 때 사유를 방해한다고도 말한다. 타당한 지적이다. 하지만 분명한 사실은 당신과 나는 한 번 읽은 책 중 99퍼센트는 다시 읽지 않는다는 것이다.

2단계 | 메모하기: 아이디어가 달아나기 전에 메모를 하자

줄 긋기 행위가 습관화되면 메모를 하고 싶은 충동을 느낀다. 줄을 긋는 과정이나 책을 읽는 과정에서 당신의 무의식이 조금씩 충동질하기 때문이다. 많은 이들은 공부를 하면서 이 소중한 순간을 귀찮아하며 그냥 넘어간다. 책을 읽는 공간이 항상 일정하지 않기에 그럴 수도 있다. 하지만 메모하기를 습관화하기 위해서는 눈치 보기를 초월해야 한다.

예를 들어 대중교통을 이용해서 책을 읽을 경우 필기구를 꺼내 줄을 긋는 행위가 조금은 낯설고 부끄럽게 느껴질 수가 있고, 흔들리는 차 안에서 메모를 하면 글이 삐딱하게 적혀 당신이 보기에도 창피할 수가 있다.

이 단계가 생각이 머무는 1단계. 당신의 생각을 적을 수도 있고, 책에 나오는 구절 중 인상적인 단어를 그냥 따라 적을 수도 있다. 예를 들어 자크 라캉의 책을 읽다가 "모든 욕망은 타자의 욕망이다"라는 구절이 나오면, 그냥 한 번 따라서 책의 여백에 적는 것이다. 이 것이 1차 메모다.

주변의 눈치를 살피면 꾸준함을 이어갈 수 없을 뿐만 아니라 임계점을 돌파해서 전문가로 인정받는 단계로 나아가기도 어렵다. 읽는 과정에서 발아되는 느낌은 곧 사라지고 만다. 그 순간에 꼭 적어두지 않으면, 나중에 다시 그 느낌을 확인하려 하더라도 재생된다는 보장이 없다. 그래서 때로는 무식하고 용감한 방법이 필요하다. 옆에 있는 사람이 좀 보면 어떤가?

그냥 단순하고 별 의미 없는 것들이라도 메모를 하는 것이 자기 생각을 정리하는 데 도움이 되는 방법이자 낙숫물을 흘리는 작업이다. 《반야심경 해설》에 "우리는 진짜 잊어야 하는 것은 잊지 못하고, 잊지 않아야 할 것을 종종 잊으며 산다"라는 구절이 있다.

어쩌면 상대는 당신이 줄 긋고 메모하는 행위에 전혀 관심을 두지 않을 것이다. 그런데도 당신 스스로 주변 눈치를 보느라 정작 하고 싶은 것을 못 할 때가 많다. 그것이 결국 당신의 성장을 방해하고, 공부를 계속해도 임계점을 넘지 못하고 평범함에 머물게 하는 큰 벽으로 작용하는지도 모른다. 눈치 보는 사이에 한 번뿐인 인생이 그렇게 속절없이 흘러가는 것은 아닐까? 많이 읽으면 뭐하나, 남는 것도 없는데.

3단계 | 생각 적기: 떠오르는 생각을 무조건 적어보자

생각 적기는 2차 메모의 단계라고 할 수 있다. '스치는 감상 잡아채기'라고 불러도 좋겠다. 줄을 긋거나 인상적인 구절을 그냥 따라 적는 단계를 지나면, 자기 생각을 한두 줄 자연스럽게 적을 수 있는 단계로 발전한다.

예를 들어 다음과 같은 구절을 읽었다고 하자. "한 권의 책을 한 문장으로 요약하는 것은 한 문장에서 시작된 책 한 권을 완전분해해서 최초의 문장 하나만을 남기는 것과 같다. 그리고 그 문장이 바로 작가가 독자들에게 말하고자 핵심 메시지다."

그 글을 읽으면서 나는 이런 생각이 나서 여백에 2차 메모를 했다. '세상에 공짜는 없다. 솔로몬 왕의 사례: 학자들을 모아 책을 만들라고 했다. 몇 권의 책을 줄이고 줄이라는 지시가 계속 내려졌다. 결국 마지막에 남은 말은 '세상에 공짜는 없다'라는 한 줄이었다.'

이렇게 2차 메모를 해두면 당신이 그동안 공부해왔던 것들과 통섭을 일으키고, 다음에 다른 사람에게 이야기할 때도 사례를 들어가며 할 수 있다. 또한 당신이 글을 쓴다면 적절한 소재와 단락이 되어줄 것이다. 그리고 생각 적기의 무엇보다 큰 장점은 당신이 핵심을 제대로 파악하면서 읽고 있는지 중간점검이 된다는 것이다.

또한 책 읽는 행위를 통해 당신이 현재 처한 상황이나 미래를 성찰할 수 있고, 책 읽는 당신만의 독특한 방법을 만들어갈 수도 있다.

4단계 | 요약하기: 주제별로 요약해두면 개념이 잘 기억된다

다음은 요약을 잘하는 단계다. 예를 들어 책을 읽는 중에 인상적인 단락을 발견해서 석 줄이나 다섯 줄 정도에 줄을 그었다고 하자. 그 자체도 좋지만 그 단락에 왜 줄을 그었는지 생각해보고 핵심적인 키워드를 적어두는 것이 좋다. 이것이 내가 찾아낸 요약하기의 노하우다.

예를 들어 리더십, 정체성, 소통, 자기혁신, 인문정신, 창의력, 시간관리, 습관 등으로 키워드를 정리할 수 있다. 이렇게 해두면 다음에 관련된 자료를 찾을 때도 도움이 될 뿐만 아니라 다시 읽을 때도 훨씬 깊이 있는 독서를 할 수 있다.

공부가 습관화되어 임계점 돌파를 위한 과정이 계속되면 어떤 책은 줄을 그은 부분이 아주 많고, 어떤 책은 거의 줄을 긋지 않게 되는 경우도 있을 것이다. 책을 읽을 때 이렇게 줄 그은 부분 옆에 왜 그 구절에 줄을 그었는지 적어놓으면 다양한 주제에 대해 생각의 폭을 넓고 깊게 할 수 있다. 이런 방식이 곧 임계점 돌파를 위한 통섭의 과정이자 낙숫물을 흘리는 과정이 된다.

요약하기 단계에서는 당신이 좋아하는 방식대로 다양한 방법을 사용할 수 있다. 별표(하나, 둘, 셋으로 중요도 표시)나 동그라미 표시 등 필요에 따라 다양한 방법으로 책과 소통하는 것이 요약하기의 핵심이다. 한편 읽은 책의 앞뒷면 여백에 찾아보기(색인)를 만든다면 나만의 흔적이 남도록 핵심사항을 정리할 수도 있다. 예를 들어 김주연 교수의 《사라진 낭만의 아이러니》를 읽을 때 '32p 인문학 열풍의 우려에 대해, 42p 잃어버린 낭만에 관해, 77p 성과사회와 인문학, 150p 서양철학과 동양철학의 비교, 220p 시대정신과 지식인의 역할' 등으로 정리하는 것이다. 이렇게 해두면, 당신이 읽은 책이 그냥 한 권 읽은 책이 아니라 당신과 영혼을 나누는 관계로 발전할 수 있다.

나중에 다른 사람들에게 이야기하는 자리에서 화젯거리를 찾을 때나 칼럼 또는 글을 쓰게 될 때 엄청난 힘이 될 것이다. 임계점을 돌파하여 전문가의 영역에서 위대한 삶을 사는 사람들은 언제나 작은 노력을 꾸준히, 자기만의 방법을 찾기 위해 거북이 행진을 계속한다.

5단계 | 분석하고 통합하기: 다양한 층위의 생각들을 통합하는 연습을 하자

분석하고 통합하기 단계는 생각하는 독서의 백미라고 할 수 있다. 초보 독서 때는 잘 모르지만, 독서 경력이 쌓이면 머릿속에 다양한 지식의 층위가 형성된다. 이 층위는 다양한 분야의 독서와 연결될 때 새로운 아이디어와 통섭을 만들어낸다. 이 단계가 되면 비로소 주변 사람들이 당신을 바라보는 눈이 달라진다. 중구난방식 이야기가 정제되고 원리와 본질에 의해 필요한 조언을 할 수 있는 역량을 갖게 되기 때문이다.

분석하기 능력은 저자의 생각에 몸을 맡기는 것이 아니라 비판적 독서를 할 수 있는 단계이기도 하다. "독서백편의자현(讀書百遍義自見)"이란 구절을 보았을 때, '왜 똑같은 구절을 백 번이나 읽어야 하지?'라고 생각할 수도 있고, 《논어》에서 "아침에 도를 들으면 저녁에 죽어도 좋다"라는 구절을 본 후 '아침에 도를 들으면 꼭 저녁에 죽어야 하는 이유가 무엇일까?'라고 질문할 수도 있다(강신주 작가가 어린 시절 서당에서 그 글을 배울 때 그 생각을 했다고 한다). 또 손정의 회장의 성공은 독서로 인한 것일까, 아니면 창의적인 특성과 도전정신을 가진 기질 때문일까? 하고 의심해볼 수도 있다.

많은 책은 저자가 자기주장을 한 후 논증하는 과정에서 당신을 설득하기 위해 특수한 사례를 가지고 일반화하는 경향을 보이기도 한다. 이런 책을 읽을 때는 특히 저자의 논조에 대해 여러 가지 관점에서 다른 해석을 시도해보고 터무니없는 주장에 대해서는 그 주장의 오류를 비판함으로써 당신의 사고를 얼마든지 신장시킬 수 있다(이 책을 읽을 때도 역시 그러해야 한다).

이런 과정은 당신의 사고를 깊게 하고, 현상을 종합적으로 볼 수 있게 하는 힘을 길러준다. 통합하기는 지식의 세계와 경험의 세계에서 지혜로움을 찾아내는 과정이자 공부가 한 단계 성장하여 비로소 임계점을 돌파하는 당신을 확인하는 변곡점이 될 수 있다. 통합하기 능력은 당신에게 복잡한 현상을 단순한 본질로 꿰뚫어 볼 수 있는 직관이나 통찰력을 길러준다. 이런 능력들은 현재 경험하고 있는 복잡한 문제를 단순화하고 혼란스러운 상황을 간단하게 정리해주는 역할을 할 것이다.

통합적인 능력이 뛰어난 사람을 세상은 고수라고 부르거나 대가라고 한다. 임계점이란, 평범함과 위대함이란 두 상태를 서로 분간할 수 없게 되는 지점이다. 따라서 임계점을 돌파해야 비로소 위대함이 드러나게 된다. 그 변곡점은 평범한 사람이라면 꾸준히 10년 정도를 공부하지 않고서는 얻기 힘든 지점이기도 하다.

6단계 | 단락으로 느낌 적기: 당신의 의견이 뭔지 말해보자

줄을 긋고 메모하는 것으로는 아쉬움이 느껴진다면, 자기 생각을 적을 단계로 발전한 것이다. 유명한 구절을 읽고 자기 생각을 적고 싶다는 충동을 자주 느낀다면 이제는 다섯 줄 정도의 단락을 적는 연습을 하는 것이 좋다. 예를 들어보겠다.

"하루의 본질에 영향을 미치는 것, 그것이야말로 최고의 예술이다." 헨리 데이비드 소로우의 말이다.

그 문장을 읽고 나는 책의 여백에 이렇게 적어두었다. '우리의 하루는 어떠한가? 여가시간 대부분을 스마트폰과 함께한다는 것이 우리 하루에 어떤 본질적인 영향을 미칠 수 있을까? 외부적 소란을 벗어나 하루 10분만이라도 성찰의 시간을 가져보자. 내면과 만날 수 있는 성찰의 10분은, 세상과 다른 사람이 요구하는 만족스럽지 못한 타율적 삶에서 주체적 삶으로 변신하는 기회를 줄 것이다. 자기혁신은 안개와도 같은 미래라는 희망에 의지해 살기보다 하루라는 삶의 질적 변화를 통해 이뤄지는 경우가 훨씬 많다. 이상은 장기적으로, 행동은 현실에서. 지혜로운 하루를 살아 삶을 최고의 예술로 만들어보면 어떨까?'

이처럼 단락으로 느낌 적기 연습은 당신의 생각을 더 깊이 있게 정리할 수 있는 사유 능력을 길러준다. 이것이 공부를 통한 정신적 단련이다. 이런 방식의 공부는 글쓰기에 대한 두려움을 극복하게 해주고, 의견을 제시할 때 훨씬 설득력 있고 자신감 있게 해주기도 한다.

절대적 권위를 가지지 않는 한, 사람들은 대개 당신의 의견에 쉽사리 동의하려 하지 않을 것이다. 그럴 때 경구나 속담, 고사성어, 명언 등을 적절하게 인용할 수 있다면 상대에게 훨씬 더 인상 깊게 자신을 내보일 수 있다. 키케로의 《수사학》과 몽테뉴의 《몽테뉴 수상록》, 톨스토이의 《인생독본》이 이런 작업을 통해 탄생한 것들이다.

말과 글의 힘은 무력보다도 위대한 법이다. 훌륭한 글을 쓰는 작가들은 이와 같이 지속적인 노력을 통해 더 나은 글을 쓰는 사람이 되었다.

7단계 | 칼럼 쓰기: 당신의 생각을 세상에 드러내보라

단락으로 느낌을 적는 것이 어느 정도 숙달되고, 자신감이 충만해졌다면 이제는 수기 쓰기, 독자투고, 월간지의 칼럼 쓰기에 도전해보자. 이는 당신의 공부 능력을 평가해보는 좋은 방법이다. 어느 날 글이 뽑히는 영광을 얻으면 공부의 매력에 푹 빠져들게 될 것이다. 아직 자신이 없다면 신문의 칼럼을 스크랩해두고 필사하는 방법도 좋다. 남들의 시선은 신경 쓰지 말고 잡지, 사보 등에 나오는 칼럼을 참고하면서 하나의 주제를 정해 써보는 연습을 계속하면 된다.

보통 사보에 기고되는 칼럼은 원고지로 14~15매(한글 프로그램으로는 10포인트로 했을 경우 한 장 반) 정도를 요구한다. 단락으로 느낌 적기에 숙달된 사람이라 할지라도 대중적으로 발간되는 칼럼을 쓰는 일은 쉽지 않다. 칼럼은 하나의 주제를 통해 짧은 글 속에서 독자에게 공감과 자극 그리고 성찰과 실행의 요소들을 동시에 담아내야 하기 때문이다.

하지만 칼럼의 표준 규격이 아니라 하더라도 자주 칼럼이나 수기,

일상의 느낌 등을 써보는 연습을 하는 것은 확실히 도움이 된다. 사물을 볼 때 오감이 발달해서 예리하게 보게 되고, 시사 문제에 대해서도 보편적인 생각이나 비난이 아닌 비판을 통한 긍정적이고 실행 가능한 대안을 제시할 수 있게 된다. 대중지에 칼럼 쓰기를 제대로 할 수 있다면 이제 책을 낼 수 있다. 즉, 작가의 길로 향하는 문 앞에 서 있다고 할 수 있다.

만일 사보를 만드는 곳에서 하나의 칼럼에 15만 원 이상의 원고료를 지급하고 글을 기고해달라고 부탁한다면 이미 임계점을 돌파해 전문가로서의 역량을 쌓았다고 해도 무방하다. 덤으로, 좋은 칼럼을 계속 쓰면 그것을 모아서 한 권의 책으로 엮을 수도 있다.

8단계 | 글쓰기: 한 분야의 전문가로서 독특함을 드러내자

이 여정의 마지막은 하나의 주제를 가지고 250페이지 전후의 단행본을 낼 수 있는 작가가 되는 것이다. 단행본은 일정 기간을 두고 지속적으로 발행되는 잡지 등과 달리 한 권으로 완결성을 가지는 책을 말한다. 책을 낸다는 것과 칼럼을 쓴다는 것은 여러 면에서 차이가 있다. 칼럼이란 하나의 주제에 대한 짧은 글이기에 정성을 다해 쓰면 어느 정도의 지식과 경험, 그리고 글쓰기 능력으로도 가능하다. 하지만 단행본을 출간한다는 것은 하나의 제목을 정해서 자신의 주장을 제시하고 독자가 공감할 수 있게 논증하는 일이다.

좋은 작가는 시장의 흐름과 독자의 요구를 파악하는 눈을 가지고 있어야 한다. 그러므로 당신의 생각이 대중의 공감을 얻을 수 없다면 그것은 책으로서 가치를 잃고 말 것이다. 자비 출간이라면 모를까 출판사에서 책을 내주지 않을 가능성이 훨씬 높다. 또한 30개 정도의 소주제를 정해서 소주제당 A4 용지 3매 전후의 글을 써야 한다. 또한 전체를 몇 가지 대주제로 분류해서 소주제를 재배열할 수 있어야 하고, 그 모든 것에 중복이 없어야 하며, 책 제목과 대주제 그리고 앞뒤 글에 관련성이 있어야 한다. 수미쌍관의 법칙처럼 관련성이 잘된 것을 좋은 책이라 하고, 관련성이 떨어지는 것을 나쁜 책이라고 한다. 좋은 책은 저자의 사상과 경험의 총합이므로 뼈를 깎는 몰입을 요구한다. 그래서 책을 쓸 때 산고(産苦)라는 말을 사용하기도 한다. 한 권의 책을 출간하는 것이 여자가 아이를 낳는 것만큼 힘든 과정이기 때문이다.

요즘에는 누구나 책을 낼 수 있는 시대가 되다 보니 책을 내는 것에 대한 사명감이나 책임감이 조금 희석된 경향도 있다. 하지만 진정한 작가는 자신의 글에 대한 시대적 사명감이나 책임감을 항상 가지고 있어야 한다. 한 번 출간된 책은 영원히 주워 담을 수 없는 공적 영역이 되기 때문이다. 또한 한 권의 책을 낸다고 모두가 작가로서 전문가적 평가를 받는 것이 아니라는 사실도 겸허하게 받아들일 필요가 있다. 보통 작가가 남들이 볼 수 없는 이면을 한 가지 정도 볼 수 있다면, 위대한 작가는 남들이 볼 수 없는 이면을 여러 각도에서 몇 번이고 찾아내서 연결할 수 있는 통합력과 직관을 가진 사람

| 표 1. 성장의 계단을 오르는 공부의 8단계 |

단계	특징과 좋은 점	불편한 점과 노력해야 할 점
줄 긋기	시간 절약. 물질적 소유에서 정신적 소유로 전환.	책을 읽는 데 시간이 많이 걸림. 책을 꼭 사서 읽어야 함.
메모하기	자신감을 심어줌. 책 한 권에서 문장을 건져 올릴 수 있음. 정리 습관을 길러줌.	여러 가지 필기구가 필요함. 부지런해야 하고 호기심이 있어야 함.
생각 적기	2차 메모의 단계. 스치는 생각 낚아채기. 글쓰기 소재를 만들어냄. 이야기 사례가 됨. 자기성찰을 가능케 함.	사유로 나아가기 위해서는 머리가 아플 수 있음. 속독이 어려움.
요약하기	키워드별 정리가 가능함. 사용할 수 있는 자료를 축적하기가 쉬움. 색인을 만들 수 있음.	더 부지런해져야 함. 생각하는 연습을 지속적으로 해야 함.
분석하고 통합하기	생각하는 독서의 백미. 비판적 독서의 단계. 논증 능력이 강화됨. 직관과 통찰력이 높아짐.	멘토가 되어달라는 사람이 생김. 공부하는 사람들을 도우느라 시간을 많이 빼앗길 수도 있음.
단락으로 느낌 적기	글쓰기에 대한 두려움을 없애줌. 말하는 능력을 강화하여 대중 앞에서 말할 때 자신감을 갖게 해줌.	글쓰기 훈련을 하는 중에 좌절감을 느낄 수도 있음.
칼럼 쓰기	전체를 보는 관점이 향상됨. 통합적인 능력이 높아짐. 통찰력의 깊이가 더해짐. 자기 브랜딩의 초보 단계가 됨.	깊이 있는 사고 훈련이 필요함.
글쓰기	자기 공부 분야를 체계적으로 정리할 수 있음. 브랜딩은 물론 새로운 분야를 개척할 수 있음.	재능이 없는 경우 시간을 많이 허비할 소지도 있음. 스트레스와 지루함을 견뎌야 함.

들이다.

숨기고 싶지만 그래도 꼭 알려주어야 할 사실이 하나 있다. 한국에서는 전업 작가로 생계를 해결할 수 있는 사람이 현실적으로 아주 적다는 것이다. 그러니 "세상이 알아주지 않는다면 책을 써라" 같은 말에 너무 현혹되어 인생을 소모하지 않기를 진심으로 바란다. 스펙과 학벌 그리고 정보와 지식을 아무리 쌓는다 해도, 그것이 자신의 성장을 위한 자본이 되지 않을 수도 있는 사회를 우리는 살아간다. 열심히 공부했음에도 어느 순간 삶이 위기에 처하는 이유가 있다면, 그것은 곧 자기가 원하는 분야를 선택해서 임계점을 돌파해내는 자기다운 공부를 하지 않기 때문일지도 모른다.

행운의 열쇠에
행운은 없다

"아침에 일어나니 유명해졌더라."

영국의 대표적인 낭만파 시인 바이런이 남긴 명언이다. 그의 말처럼 누구나 한 번쯤은 우연한 기회에 자신의 존재가 세상에 모습을 드러내길 기대하며 살아간다. 어떤 이는 극적인 계기를 통해 유명인이 되기도 하지만, 대부분의 사람은 일생에 걸쳐 기회를 얻지 못하고 평범하게 생을 마감한다.

평범한 취급을 받다가 극적인 계기를 통해 위대해진 사람들은 그만큼의 여정을 거친 이들이다. 그들은 찬란한 아침을 맞이하기까지 어둠속에서 꾸준히 자신이 좋아하는 일을 찾아서 온 힘을 기울였다. 그 결과 임계점을 돌파해서 전문가로 인정받았기에 그런 행운을 얻게 되었을 것이다. 당신도 세상에서 그런 대접을 받고 싶은가? 그렇다면 당신은 지금 공부를 치열하고 지속적으로 하고 있어야 한다.

공부를 계속하던 어느 순간 그냥 읽기만 하는 바보라는 생각이 든 적이 있었다. 읽는 행위만으로는 큰 아쉬움이 느껴졌다. 그래서 독서기록들을 지인들과 나누기로 했다. '민도식의 책으로 여는 세상'이란 타이틀을 정하고, '들어가기, 저자 및 목차 소개, 추천평, 감명 깊은 구절과 창조적인 성과물, 마치며'라는 다섯 개의 소목차로 컨셉을 정했다.

'들어가기'에서는 선정된 책의 핵심 주제와 사회현상과의 관계, 읽으면 도움이 되는 팁, 읽을 때의 유의점, 기대감 등을 적어 독자들에게 총론적인 가이드 역할이 되도록 했다. '저자 소개'에서는 저자의 특징, 대표 작품, 연구 성과, 작품 경향 등을 분석했으며, '목차 소개'를 통해 책의 전체적인 컨셉이나 세부 소주제를 설명하여 읽을 만한 가치가 있는 책인지를 독자가 판단할 수 있도록 했다. '추천평'에서는 내가 느끼지 못했던 다른 이의 견해를 제공했으며, '감명 깊은 구절'에서는 책을 읽는 과정에서 사유의 깊이를 더하거나 독자들이 기억하면 좋을 주옥같은 문장이나 통찰력을 줄 수 있는 문장을 소개했다. '창조적인 성과물'에서는 감명 깊은 단락을 읽고 난 후 내가 느낀 직관이나 통찰력, 감상들을 다섯 줄 내외의 단락으로 구성하여 한 권의 책을 읽고 나면 대략 일곱에서 열 가지 정도를 뽑아 정리함으로써 독자들도 독서를 통해 더 많은 사유를 할 수 있기를 기대했다.

'마치며' 부분에서는 책을 읽는 중간에 느꼈던 한 줄 평들을 모아서 선정된 책을 리뷰하거나 독자들도 저마다 나름대로 정리할 수 있도록 가이드를 제공했다.

한 권의 책을 읽고 정리를 하는 데 대략 6~10시간이 필요했지만, 이 작업은 오히려 내게 훨씬 많은 도움을 주었다. 한 번 읽은 책을 다시 깊이 있게 사유할 수 있을 뿐만 아니라 책을 읽는 동안 해내지 못했던 종합적인 분석을 하게 해주었고, 다른 책과 접목하거나 통합하는 기회도 되어주었다.

이 작업을 통해 나는 읽은 책의 핵심을 오래오래 기억할 수 있게 되었고, 책을 선정하는 안목도 넓힐 수 있었다. 게으른 탓에 자주는 못 하고 대략 한 달에 한 번씩 6년간 계속했는데, 여름휴가 때는 독자의 수준을 고려해 상중하로 난이도를 정해 세 권의 책을 추천하는 작업도 병행했다. 꾸준히 그리고 좀더 깊이 있게, 나만의 방법을 찾아서 그렇게 더 나은 공부 방법을 찾아갔다. 공부 임계점 돌파하기 과정에서 얻게 된 긍정적인 요소들이다.

6년의 시간은 책을 더 깊고 넓게 볼 수 있는 소중한 시간이 되었으며, 독자 입장에서 어떤 부분이 도움이 될까를 고민하는 일도 세상과 교류하는 데 다리 역할을 해주었다. 이 일로 많은 독자에게 피드백을 받았다. 직장생활을 하면서 공부를 계획하고 실천하는 데 지침이 된다는 소감도 있었고, 어떤 책을 읽어야 할지 답답할 때 읽을 수 있는 책의 가이드를 제공해주어 도움이 된다는 평도 있었다. 또한 이슈가 되는 주제에 대해 다룰 때는 어떤 부분을 삶에 접목해야 하는지 쉽게 통찰을 얻을 수 있어 도움이 되었다는 의견도 많았다. 가끔은 독서 멘토가 되어달라는 부탁(임계점을 돌파하게 될 때 확인하게 되는 첫 번째 결과)도 있었다. 나를 위해 시작한 일이었지만, 그 조그마한 노력이 지인들에게 도움이 된다는 사실에 용기를 얻어 6년을 계속하게 된 것이다. 이는 내 공부를 한 단계 끌어올리는 과정이기도 했다.

─────── 나의 공부가 임계점을 돌파했음을 확인한 순간

그러던 어느 날 독자로부터 독서법 강의 의뢰(임계점을 돌파할 때 확인하게 되는 두 번째 결과)를 받게 되었다. 독서법 강의를 한 번도 해본 적이 없어 당혹스러웠지만, 독자는 내가 6년간 정리해온 것을 참고로 강의를 구성하면 충분할 것이라고 자신감을 불어넣어주었다.

강의를 준비하면서 기업이나 공공기관, 단체에 근무하는 직장인 600명에게 설문을 받아 그들이 독서에서 무엇을 궁금해하고 어떤 부분을 어려워하며, 도움을 받고자 하는 실제적인 문제가 무엇인지를 파악했다. 그리고 이를 참고하여 강의안을 구성했다. 독서법 책에서는 대체로 많은 책을 읽는 것이 좋다고 주장하는데, 설문을 해보니 실제 직장인들의 평균 독서량은 1년에 열두 권 정도였고, 독서 방법을 잘 모른다는 점이 드러났다.

솔직히 책을 많이 읽지 않는 사람에게 책을 많이 읽으면 도움이 될 것이란 말만큼 부담스러운 것도 없다. 그래서 그들 입장에서 독서효과를 거둘 수 있는 방법은 없을까 하는 고민을 하게 되었다. 그 고민 끝에 나온 책이 《나를 확 바꾸는 실천독서법》이다. 1년에 열두 권을 읽는 것만으로도 시대의 흐름을 놓치지 않고 평생학습의 기초를 닦을 수 있도록 균형적 독서에 초점을 맞춰 쓴 책이다.

정리하면 신입사원 교육 때 강사의 조언을 받아 독서라는 인테크에 꾸준히 투자했고, 공부하면서 느낀 것을 다른 사람과 나누기 위해 '책으로 여는 세상'이란 독서 정리습관을 갖게 된 후, 임계점 돌파를 전후하여 독서법에 대한 강의 의뢰를 받는 성장의 나선구조가 된 것이다. 게다가 강의를 준비하는 과정에서 직장인 독자들의 입장을 헤아려 독서법에 대한 책까지 출간했다. 저자가 되자 덤으로 사보에 글을 기고할 수 있는 칼럼니스트의 기회가 주어졌다.

경험도 스승도 없이 스물아홉 살에 시작했지만, 적어도 내게는 꾸준히 책 읽는 습관이 삶에서 큰 변화를 이끌었다. 시대 트렌드를 알고 싶어 지속적으로 읽었던 경제경영 분야의 독서는 변화혁신 분야의 강사로 성장하는 데 기반이 되었고, '책으로 여는 세상'은 독서법, 자기계발, 셀프리더십 강의를 하는 데 큰 보탬이 되었다.

고전 공부는 인문학 강의를 할 수 있는 기회를 주었고, 그 외 독서를 통한 임계점 돌파하기 공부는 새로운 주제에 접근할 수 있는 가능성을 열어주었으며, 새 책을 기획하는 데에도 도움을 주었다. 한 걸음 더 나아가 공부하는 삶은 새로운 공부지기와의 인연으로 이어져 '애플인문학당'이라는 청소년 인문학 프랜차이즈로 거듭나게 되었다.

나는 내가 너무 평범하다는 것을 잘 알기에 늘 선택과 집중에 에너지를 쏟는다. 공부를 할수록 타자의 욕망에 의해 하루를 사는 것이 아니라 주체적인 욕구에 의해 하루를 사는 것이 훨씬 더 자긍심을 높여주고 좋은 삶을 살고 있다는 위안을 준다. 이런 삶은 혼자 생각으로 그치는 것이 아니라 관계하는 사람들의 인생에도 영향을 준다.

─────── '무조건 많이'가 아니라 '내게 맞는 공부'를 찾아라

우리는 때로 자신(나)보다 자신을 바라보는 대상(너, 우리)을 통해 삶의 의미와 실존을 확인받는다. 그 확인은 거울의 그림자와 같다. 그것은 거울에 반사되는 사물의 형상이 아니라 상대에 대한 기대와 믿음, 굽히지 않는 선비정신, 초심을 지키려 부단히 노력하는 인간적인 고뇌, 언행일치를 하려고 자기답지 않은 것과 치열하게 맞서는 용기로 드러난다.

그런 면에서 본다면 공부 과정은 자기답지 않은 것을 삶에서 제거하여 거품을 빼주는 역할을 해준다. 거품을 빼낼수록 삶이 초라해지

는 것이 아니라 남은 한두 개가 그 사람만이 가진 정체성을 대변해 다른 사람으로 대체할 수 없는 차별화되는 가치를 부각시킨다.

이럴 때 그가 가진 정체성은 곧 그 사람이 관계하는 세계의 넓이를 결정한다. 그러할 때 우리는 군중 속의 고독이 아니라 소수 안에서 보람과 가치를 느끼면서 살 수 있게 된다. 또한 그러할 때 우리는 삶에서 더 많은 자유를 얻게 된다.

한두 분야를 아주 잘하는 사람은 불특정 다수를 대상으로 이것저 것을 내보여야 할 필요성을 느끼지 않아도 된다. 한두 개 잘하는 분야로도 충분히 경제적으로 자립하고 사명감도 느낄 수 있기 때문이다. 하지만 한두 개 분야를 특별하게 잘하지 못하고 모든 것에서 평범한 수준에 머물고 있다면 상황에 따라 쉽게 대체할 수 있는 존재가 될 것이다.

누구나 특별한 전문성이 없어 먹고사는 것이 힘들 때는 백화점식으로 이것저것 펼치고 싶다는 유혹을 받기도 한다. 그렇게 해서는 흉내 내는 삶을 살게 될 가능성이 높아진다. 악순환이 반복될 수 있다. 고급시장에서는 선택을 받지 못하니, 요구 수준이 낮은 곳으로 계속 일거리를 찾으러 가야 한다. 그런 곳은 대부분 급여가 낮으니 수입이 변변치 않다. 수입이 변변치 않으니 자신이 하는 일에 사명감도 줄어들고 자긍심도 없어진다.

그저 생계를 위해 직업에 종사하는 상태가 된다. 그마저도 고객이 불러줄 때는 일이 있지만, 나이가 들수록 그 일조차 점차 줄어들어

종국에는 배가 고파서 다른 직업을 찾게 된다. 처음에는 투잡이 되고 그다음에는 쓰리잡이 되다가, 결국에는 자신이 무엇을 하는 사람인지 잘 모르게 될 수 있다. 임계점을 돌파해내는 진짜 공부를 하지 않고, 세상의 요구에 장단 맞추느라 오락가락하며 공부할 때 누구에게나 닥칠 수 있는 삶의 모습이다.

혹자는 방법을 배우고 독서를 지속적으로 열심히 하면 '금 나와라 뚝딱'처럼 신세계가 펼쳐질 것이라고 말하는데, 나는 솔직히 그런 말을 온전히 믿지 않는다. 쉽게 말해 같은 나이에 똑같이 축구를 하더라도 어떤 선수는 세계 최고의 리그를 주름잡지만, 어떤 선수는 국내리그에서도 뛸 실력이 없는 것과 같다.

"기댈 곳도, 아무 희망도 없다면 무조건 책을 읽어라. 그럼 모두가 성공자가 될 수 있을 것이다"라는 말은 독서법이나 자기계발서에 흔히 등장한다. 만일 '성공'이란 말에서 경제적 성취를 빼고, 자기다운 좋은 삶을 사는 것이라고 한다면 그 말에 전적으로 동의할 수 있다. 하지만 세상과 남들이 인정하는 보편적 성공의 기준을 가리킨다면 그것은 맞지 않는 말임을 당신은 경험으로 알 것이다. 그래서 독서하는 사람이 점차 줄어들고 있는 것이다.

공부나 독서와 관련된 책에 약방에 감초처럼 등장하는 성공한 인물(이 책에도 많이 등장한다)들은 꾸준한 공부가 자신의 재능과 결합되어, 숨겨진 잠재력을 끌어내서 임계점을 돌파한 후 놀라운 성과를 낸 것이라는 이면의 진실도 볼 줄 알아야 한다. 그들이 꼭 책을 많이 읽어서 그렇게 되었다고 한다는 것은 지나친 비약일 수 있다는 점을 현명한 독자는 간파할 필요가 있다는 말이다. 공부를 하면서 얻는 통찰이 자기가 잘하는 분야에서 임계점을 돌파해서 자기도 모르는 사이에 전문가로 변했다는 것이 가장 정확한 표현일 것이다.

100미터 주력이 12.5초인 축구선수가 새벽 4시부터 일어나 달리기 연습을 매일 한다고 해도 유명한 웨인 루니와 호나우두의 주력을 따라잡을 수는 없을 것이다. 우리는 '누구나' 또는 '모든 사람'이란 말에 습관적으로 우리 자신을 포함시키곤 한다. 하지만 임계점 돌파를 위한 장기적 계획을 세우고 당신만의 방법을 만들어내지 않는 한 공부를 아무리 많이 하더라도 욕구를 채우기는 힘들지 모른다.

주변을 둘러보라. 많은 사람이 삶의 획기적 변화를 기대하면서 평생교육원이나 대학교 야간반, 자격증 학원에 다니고 있다. 그런데 꾸준하게 공부할 때 명심 또 명심해야 할 것이 있다. 평범한 사람일수록 남들과 비슷한 방식을 따라 해서는 절대 안 된다는 점이다. 자신의 가치를 높일 수 있는 한두 가지를 찾아 10년 이상 노력해서 어느 순간 임계점을 돌파하면, 자신도 알 수 없는 인생의 위대한 행운을 만날 열쇠를 얻게 된다.

따라서 뭘 공부해야 할지 잘 모를수록 몸을 움직이기를 자제해야 한다. 이것저것 배워야 한다는 강박이나 지적 허영을 위한 공부는 결국 새로운 영리를 위한 교육산업의 소비자로 환영받을지는 모르지만 삶의 변화와는 무관할 수 있다.

공부란 늦었다고 생각할 때가 가장 좋은 때가 되기도 한다. 우리 삶에는 수많은 난관이 있다. 세상과 타인을 원망하지 않고 오직 자신을 신뢰하는 존중감을 가지고 나아갈 때 당신은 놀라운 자신을 만날 수 있다. 스스로 포기하지 않는 한 당신은 언제나 불을 밝힐 수 있는 촛불이 될 수 있다.

갱단에 속해 감옥까지 갔다 온 스탠리 윌리엄스는 2006년 노벨평화상 후보에 올랐다. 감옥에 있는 동안 갱단의 무익성에 대한 글을 쓰고, 평화를 위한 인터넷 프로젝트를 여는 활동을 했기 때문이다. 당신의 인생이 어떻게 될 것인지를 결정할 수 있는 사람은 오직 당신뿐이어야 한다. 다른 사람들의 평가나 부정적인 경험으로 자신을 함부로 판단하지 말아야 한다. 당신의 내면을 제대로 알 수 있는 사람은 오직 당신뿐이다. 하지만 그냥 있어서 얻어지는 것은 없다. 이것저것 양만 채운다고 되는 것도 아니다. 좋은 방법을 알고 있다고 삶이 변하는 것은 더더욱 아니다. 행운의 열쇠에 행운은 없다. 임계점 돌파를 위해 갖은 노력을 다할 때 당신의 두뇌 세포 구석구석에 새겨진 흔적들이 곧 행운의 열쇠가 될 뿐이다.

희망이 없다고 느낄수록
공부가 대안이다

공부로 삶의 획기적인 변화를 시도하는 사람이 많아졌다. 하지만 공부를 왜 하는지 깊이 고민하는 사람은 많지 않은 듯하다. 주변 사람들이 하니까 한다는 이들이 많다. 막연히 불안해서 뭐라도 한다는 것이다. 하지만 공부는 자기만의 이유와 방향성을 가지고 출발하는 것이 좋다. 그래야 공부가 즐겁고 자신이 원하는 진정한 삶으로 데려다줄 수 있기 때문이다.

임계점을 돌파하는 공부란 '자기가 잘할 수 있는 분야를 찾아 10년 이상 지속적으로 공부해서 전문가가 되는 것'이다. 이렇게 말해놓고 보면 쉽긴 하지만 너무 막연하다. 너무나 잘 아는 것 같은데 좀더 구체적인 방법을 찾으려면 그게 쉽지 않다. 현재 나이에 따라 공부의 방법이나 범위가 다를 수 있고, 처한 여건에 따라서도 공부의 필요성이나 절실함이 아주 다를 수 있기 때문이다. 또한 사회가 요구하는 공부와 개인이 추구하는 공부가 다를 수도 있다.

공부의 어려움은 바로 여기서부터 시작된다. 지금껏 수십 년 공부를 했는데도 막상 뭘 공부했는지 말하려고 하면 할 말이 별로 없고, 작심하고 시작하려 해도 도대체 뭘 해야 하는지조차 감을 잡기가 어렵고 막막하기만 하다.

공부의 필요성을 느껴 책을 읽거나 강의를 듣다가도 오래 지속하지 못하고 곧 그만둬버리는 일을 반복하는 이들이 많은데 그 이유 중 하나가 이런 막연함 때문이다. 이런 막연함을 넘어 전문가로서 지적 자본을 갖기 위해서는 공부하는 목적이나 방향을 심사숙고해서 정해야 한다. 목적이 공부를 통해 무엇을 얻어야 하는지를 잊지 않게 해준다면, 방향은 분야를 좁혀주고 공부할 내용을 구체적으로 알려주기 때문이다.

이 세계는 아직 어지럽다. 그러나 하늘이 무너진다고 느꼈을 때, 어떻게 대처할지 몰라서 쩔쩔맬 때, 적어도 당신은 배움만은 계속할 수 있다. 그것은 당신에게 학습의 절박함과 목마름, 학습의 목적성과 필요성을 제공해줄 것이다. 당신이 일시적으로 오해를 받거나 타격을 받았을 때, 곡해를 받았을 때, 제한을 받았을 때, 처지를 바꿀 수 없을 때, 그때 당신은 안심하고 학습

하라. 한가할 때 배우려고 했지만 시간이 없어 미처 배우지 못

한, 그런 학문을 배워라. 하늘이 정해준 학습의 달, 학습의 해가

시작되는 순간이다.

– 왕멍, 《나는 학생이다》

중국이 자랑하는 위대한 작가 왕멍은 누구보다 공부의 중요성을
강조한 사람이다. 그의 말대로 "한가할 때 배우려고 했지만 시간이
없어 미처 배우지 못한" 공부가 당신에게 현재 공부의 목적이 되면
좋겠다. 희망이 사라져버린, 한 치 앞을 내다보기 힘든 시대를 사는
우리에게 그의 말이 더욱 절실하게 다가오는 이유다.

─────── 꾸준히 공부하면 어떤 이점이 있을까

아무리 힘든 여건이라도 미래를 위해 꾸준히 임계점 돌파하기 공부
를 하면 어떤 이점을 얻을 수 있는지 알아보자.

첫째 | 100세 시대를 현명하게 살아갈 자신만의 일을 만들 수 있다

우리에게 100세 시대라는 말은 희망과 두려움의 이중적 의미를 담
고 있다. 한 번도 경험한 적이 없는 100세 시대는 30년 준비해서 30
년 일하고 40년이란 시간을 지혜롭게 살아야 한다는 현실과 맞닿아

있다. '40년이란 긴 시간을 무엇을 하면서 어떻게 보낼 것인가?'라는 문제는 당신과 내가 경험하면서 답해야 할 낯선 미래다. 새롭게 펼쳐지는 세상을 발 빠르게 준비하는 사람에겐 희망이 될 수 있지만, 준비가 서툰 사람에겐 두려움과 공포 자체일 수 있다는 점에서 이중적이다. 40년이란 시간을 함께할 수 있는 동반자로서 공부는 누구에게나 특별한 대안이 될 수 있다.

퇴직 후 40년이란 시간을 구체적인 계획 없이 주먹구구식으로 대처해서는 삶의 불안을 헤쳐가기 어렵다. 중장년층의 재도전, 늦깎이 공부, 이모작 또는 삼모작 인생, 행복한 노후, 아름다운 마무리와 같이 꽤 친숙하게 들리는 용어들은 40년을 '무엇을 하면서 어떻게 보낼 것인가'에 대한 요구들이 담긴 시대적 담론이다. 지금부터 이 담론을 가슴에 품고 자기만의 적합한 답을 찾아가는 것이 임계점 돌파하기 공부의 목적이 되어야 한다.

둘째 | 앎의 경쟁력이 바뀐 시대에 꼭 필요한 공부를 할 수 있다

문자가 발명되기 이전에는 기억력이 좋은 사람이 앎의 경쟁력(지적 자본)을 갖고 있었다면, 문자가 발명된 후로는 문자로 기록된 것을 빨리 습득하는 능력을 가진 사람들이 앎의 경쟁력을 가질 수 있었다. 이 시기엔 학교에서 배우거나, 도제생활을 통해 앎의 경쟁력을 갖춘 사람들이 좋은 직업을 갖거나 사회 지도층의 지위를 누릴 수 있었다.

하지만 정보와 지식이 어른 아이 없이 모두에게 공개된 현재는 문자를 빨리 습득하는 것만으로는 앎의 경쟁력을 갖기가 힘들다. 일반화된 지식만으로는 좋은 직업을 얻기 힘들어졌다. 이것이 안전한 고용사회가 무너지고 등장한 디지털사회의 변화된 실체다.

따라서 앎의 경쟁력 변화는 공부에 대한 관점의 변화와 실행을 요구한다. 앎은 이제 수집하고 학습하는 대상이 아니라 분류하고 조직해서 자신에게 필요한 것을 선별해내는, 이른바 '창조'의 대상이 되어야 한다. 따라서 정보를 수집하는 능력, 분석하는 능력, 정보의 가치를 판단하는 능력, 지식을 종합하는 능력, 정보와 지식의 분리·조합·변형을 통해 자기만의 새로운 가치를 만들어내는 편집 능력이 매우 중요해졌다. 한 분야를 깊이 있게 공부하는 방식뿐만 아니라 다양한 분야를 통합하는 통찰력을 발휘할 수 있는 사람이 앎의 경쟁력에서 앞설 수 있는 시대가 된 것이다.

이것은 학위를 얻거나 스펙을 쌓는다고 단기간에 생기는 것이 아니다. 10년 이상 꾸준히 임계점을 돌파하는 노력을 하여 자기만의 방법으로 새로운 분야를 개척한 사람만 가질 수 있는 새로운 종목이다.

뇌과학 분야의 최근 연구에 따르면 얕은 지능을 가진 기계의 등장만으로도 현재 일자리 49퍼센트가 없어진다는 보고가 있다. 따라서 정보와 지식을 재조합하여 기계가 할 수 없는 창의성과 감성을 지닌 대체 불가능한 사람이 되기 위해서는 제대로 된 전문가가 되어야 한다. 새로운 사회는 학벌이나 스펙이 아니라 창의력과 통찰력을 요구한다. 단편적인 전문 지식보다는 경계를 자유롭게 넘나드는 상상력과 영감, 그리고 감성을 필요로 한다. 한쪽으로 치우치지 않는 균형 감각과 자유로운 상상력, 시대를 꿰뚫는 안목과 교양이 무엇보다 중요해진 시대가 된 것이다. 따라서 지적 자산을 넓게 그리고 깊이 있게 가질 수 있도록 공부의 방향을 설정하고 실천해야 한다.

셋째 | 통찰력으로 미래 예측이 가능해진다

인류 역사는 외부 변화를 통제하면서 인간에게 적합하도록 세상의 조건을 만들어온 결과다. 문명 발전의 기원을 추적하고 과거 패턴을 분석해 통찰함으로써 더 나은 미래를 예측할 수 있었다. 농경사회에서는 24절기의 패턴대로 농사를 지었으며, 천재지변에는 순응했다. 산업사회에서는 패턴의 다양성은 늘어났지만, 성실함을 바탕으로 시키는 일을 잘해내거나 대중적 삶을 따르는 것만으로도 살아가는 데 큰 곤란을 겪지 않았다. 불과 20년 전 평생직장이라는 안정된 고용사회의 패턴이 붕괴되기 전까지만 하더라도 임계점을 돌파하는 공부를 해야 한다는 것은 아주 낯선 소수의 영역이었다. 전공이나 업무 경력만으로 오랜 시간 경쟁력을 유지할 수 있었다. 삶에서 직면하는 변수가 많지 않아 몇 가지 정형화된 패턴만으로도 충분히 괜찮은 삶의 계획을 짤 수 있었다. 기업은 중장기적 목표를 바탕으로 과제를 수립하는 것이 경영의 표준 방식이었으며, 과거 패턴을 분석하여 미래를 전망하는 경제학이 꽤 쓸모가 있었다.

하지만 지금은 어떤가? 빅데이터 분석, 사물인터넷, 정보 속도의 증가, 24시간 쉬지도 않고 작동하는 금융과 인터넷 세상은 사람들에게 일상적으로 느꼈던 삶의 편안함과 낙관적 희망을 송두리째 앗아가 버렸다. 삶의 패턴은 개인이 예측할 수 있는 정도를 넘어버렸다. 세상과 삶의 패턴이 너무 복잡해져서 6개월 후에 내게 어떤 일이 일어날지 예측하는 것조차 어려워진 세상을 우리는 살고 있다.

한동안 경영학에서는 차별화가 무엇보다 중요한 경쟁우위의 원천이라는 점을 강조했다. 그런데 많은 기업이 차별화를 위해 노력했지만 실제 성공한 기업은 얼마 되지 않는다. 그래서 기업은 불투명한 미래에 대비하고자 시나리오 경영과 미래 예측에 많은 에너지를 쏟는 것을 당연시하게 되었다. 이는 기업의 문제일 뿐만 아니라, 나아가 개인의 문제가 되었다.

따라서 불투명한 미래를 대비하기 위해서는 자기가 원하는 일과 삶을 재정의할 필요가 있다. 지금껏 추구해왔던 우선적인 가치와 삶의 방향을 재설정해야 한다는 말이다. 그러자면 꾸준히 공부하면서 불확실한 패턴을 예측할 수 있는 역량을 높이고 지혜를 넓히는 작업이 계속되어야 할 것이다. 한때 전문가라고 칭송받았던 직업군이나 사람들조차도 자기 삶의 패턴을 예측하기 힘들어졌다. 갈수록 세상은 미래 패턴을 제어할 수 있는 아주 소수만의 잔치판이 되어가고 있다. 고용사회가 저물고 새로운 세상이 오고 있다는 뱃고동 소리를 들을 수 있어야 한다.

한때 코닥이 1조의 매출을 올리기 위해 10만 명의 종업원을 고용했다면, 구글을 비롯한 인터넷 기업들은 1조의 매출을 달성하기 위해 몇십 명만을 고용해도 된다. 양극화가 심화되고 중산층이 붕괴된 것도 이와 무관하지 않다. 3D 프린터, 무인자동차, 드론의 등장, 그리고 테슬라의 창업자 엘런 머스크가 꿈꾸는 화성 식민지 프로젝트는 우리가 수십 년간 준비해온 직업적인 역량을 한순간에 무용지물로 만들어버리고 있다.

우리는 갈수록 세상의 패턴을 제어하기 어려워진 시대를 산다. 자기 삶의 패턴은 제어할 수 있는 사람이 되고자 하지만, 안타깝게도 정형화된 공식을 찾기가 더욱 어려워지고 있다. 따라서 우리가 할 수 있고, 해야 하는 일은 자기 삶의 패턴을 제어할 수 있는 가능성을 높이는 것이다. 그러기 위해서는 누구나 끊임없이 학습하고 실험하며 새로운 통찰을 얻고자 노력해야 한다. 그 외엔 뾰족한 방법이 없다. 그 길로 향하는 첫걸음은 임계점 돌파하기 공부를 통해 자신에게 필요한 일을 스스로 창조하는 일이다. 그 길은 미지의 길이기에 누군가가 가르쳐줄 수도 없다. 오로지 나 스스로 만들어내고 헤쳐나가야만 한다.

임계점을 돌파하면
새로운 차원으로 들어선다

임계점을 돌파해서 전문가로 계속 살아가기 위해서는 무엇보다 자신을 객관적으로 봐야 한다. 그것만큼 성장을 촉진하는 지름길도 없을 듯하다. 누구든 조금 알게 되면 그 아는 것을 남에게 자랑하고 싶어 하는 경향이 있다. 나 또한 그랬다. 열여섯 살에 뼈저리게 경험한 세상의 무시를 극복하기 위해 시작한 공부였는데, 어느 날 무지함을 자랑하는 공부로 변해 있다는 것을 느꼈다.

세계 최고의 과학자라고 일컬어지는 아인슈타인 박사가 어느 날 학생들에게 질문을 받았다.

"선생님은 이미 그렇게 해박한 지식을 가지고 계신데 어째서 배움을 멈추지 않으십니까?"

이에 아인슈타인이 답했다.

"이미 알고 있는 지식이 차지하고 있는 부분을 원이라고 한다면 원 밖의 부분은 모르는 부분이 됩니다. 원이 커지면 원의 둘레도 점점 늘어나 접촉할 수 있는 미지의 부분이 더 많아지지요. 지금 저의 원은 여러분 것보다 커서 제가 접촉한 미지의 부분이 여러분보다 더 많습니다. 모르는 게 더 많다고 할 수 있지요. 이런데 어찌 게으름을 피울 수 있습니까?"

| 그림 1. **지식의 원** |

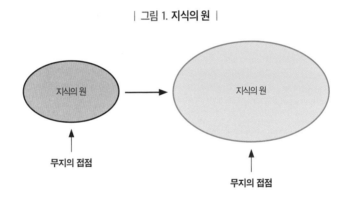

나 역시 공부를 조금 해서 우쭐해진 상태가 지나고, 임계점을 넘어서는 지점으로 나아갈수록 공부가 아득하고 넘어야 할 높은 산이 줄지어 나타나 포기하고 싶을 때가 많았다. 한두 달 내내 하나의 주제를 가지고 공부에 몰입해도 만족감보다는 큰 산에 막히거나 동굴에 갇혀버린 듯한 심정을 수도 없이 느꼈다. 그때 읽은 아인슈타인 이

야기는 지루함과 막막함을 이겨내고 지속적인 공부를 하도록 내게 위안과 용기를 주었다.

아인슈타인의 이야기를 알고부터 큰 산을 만나더라도 조급해하지 않기로 했다. 그렇다고 말을 극도로 아끼는 도인과 같은 태도를 보이지는 않는다. 현재 알고 있는 정도의 실력을 과장하지 않고 이야기하면 되는 것이다. 이런 깨달음 또한 언제나 변덕을 부린다. 어떤 날에는 혼자 무릎을 치며 대오각성한 것을 다른 사람들에게 말했는데, 싸한 느낌이 온몸으로 전달되는 경우가 있다. 바로 '이게 아닌가?' 싶은 생각이 들 때다. 성찰의 과정과 결과를 상세하게 설명했음에도 사람들과의 눈높이가 맞지 않아 교감에 어려움을 느낀다. 그럴 때 또 깨닫는다. 내가 그 내용을 완벽하게 이해하지 못했거나, 이해는 되었다 하더라도 그 내용을 상대방 입장에서 이해할 수 있게 쉽게 설명해주지 못했다는 것을. 이럴 때 나는 그 내용을 제대로 모른다고 솔직하게 인정하게 된다.

그럴 때마다 지식의 원이 늘어나는 것에 만족하지 않고, 무지의 접점에서 무수히 반복되는 지식의 변이와 경험과의 조화를 어떻게 이뤄낼지에 대해 고민하게 된다. 이것이 이론적인 공부와 실천적인 공부의 접점이자 임계점 돌파를 위한 변곡점일 것이라 믿는다. 그 고민을 풀어내는 과정에서 나만의 개념과 통찰력을 얻게 되는 경우가 많다.

아울러 누구나 느끼며 살아가는 보편적인 주제를 가슴에 품고 좀

더 나은 통찰을 얻기 위해 오랜 시간 부화 기간을 가진다. 그러다 보면 생활 속에서 사례를 발견하게 되어 더 쉽게 설명할 수 있는 방법들이 나온다. 이런 경험들은 임계점을 돌파하는 공부에 엄청난 자극이 되고, 전문가로 나아가게 하는 동기와 힘으로 작동한다.

———— 묻고, 묻고, 또 물어라

우리 문화에서는 질의응답을 하는 것이 자연스럽지 않다. 그래서인지 질문으로 시작하는 강의에서 어색해진 적이 있다.

"이번 과정에 들어오기 전 교육 목표는 무엇이었나요?"
"제 과목에서 무엇을 얻고자 기대합니까?"
"지난번 강의에서 가장 기억에 남은 것은 무엇입니까?"

나는 소크라테스의 산파술처럼 공부하는 과목의 주제나 전체 과정에 대한 질문을 한다. 우리가 왜 배우는가에 대해 본질적으로 생각해보자는 뜻에서다. 교육공학자들의 실험결과에 의하면 성인들은 배운 내용의 70퍼센트를 교육이 끝나는 순간 잊어버리고, 배운 내용을 나중에 복습하는 교육생은 5퍼센트, 배운 내용을 실제 행동의 변화로 연결하는 교육생은 0.5퍼센트에 불과하다고 한다.

이 사실에 근거한다면 교육 방식에 대해 새롭게 접근할 필요를 느낀다. 오늘 공부하는 과목에 대해 얼마나 알고 있는지, 모르고 있다면 모르는 것을 인정하면서 시작하자는 것이다. 당혹해하는 교육생도 있고 좋아하는 교육생도 있다. 강의를 한 지 14년째가 되었지만, 어떤 방법이 나은지는 잘 모르겠다. 그렇지만 모르는 내용을 가지고 아는 척하면서 장님 코끼리 만지듯 하는 공부는 이제 그만하자는 좋은 의도를 담고 있다.

배움에 질문이 생략되면, 성장이 어렵다. 어떤 궁금증을 가지고 있는지 잘 모르기 때문에 이야기가 겉돌게 된다. 이런 만남은 헤어지는 순간 공허함을 느끼게 할 수도 있다. 배움에서는 무지함을 드러내는 것이 결국은 모두에게 도움이 된다는 것이 내 생각이다.

우리 교육에는 질문이 너무나 생략되어 있다. 일방적인 성적 위주의 학교 교육과 체면을 중시해서 나서기를 꺼리는 동양 문화의 전통이 혼합되어 있다. 평균적인 것이 무난하다는 배려의 전통이기도 하다. 하지만 임계점을 돌파해서 전문가로 나아가는 공부를 할 때 이런 습관은 방해가 된다.

어떤 주제든 개념이든 제대로 알려고 한다면 설명할 수 있고, 나아가 가르칠 수 있는 단계로까지 가야 한다. 그것이 진정으로 아는 것이다.

"가치관은 인생에서 어떤 역할을 하지요?"

"평생학습이 강조되는 시대인데, 직장인에게 평생학습은 어떤 의미일까요?"

"자기계발이 작심삼일로 끝나는 원인은 무엇일까요?"

"창조경영 시대라고 하는데 창의적 인재는 어떤 인재일까요?"

"당신은 창의적 인재를 요구하는 시대에서 어떤 역할을 할 수 있나요?"

지적 자본으로 살아가는 시대에는 배웠으나 제대로 설명할 수 없고 자기 삶에 적용할 수 없다면 그 지식 또한 거추장스러운 옷이 될 수 있다는 말이다. 좋은 질문은 책이나 개념사전에 나와 있는 보편적인 대답을 원하는 것이 아니다. 당신만의 생각을 듣고자 하는 것이다.

새로운 시대에는 늘 새로운 개념들이 등장한다. 임계점 돌파하기 공부를 하는 사람이라면 이런 새로운 개념들을 자기 삶에 어떻게 적용할 것인지 자기개념을 찾아가는 노력을 게을리하지 않아야 한다. 당신이 임계점 돌파하기 공부를 선택하는 것은 당장 시험을 치르기 위한 것도 아니요, 사전에 나와 있는 표준적인 답을 외우기 위함도 아니지 않은가? 그 앎이 당신의 삶에 어떻게 적용되고, 몸담고 있는 조직이나 사회, 나아가 주변 사람들에게 어떤 긍정적인 영향을 줄 수 있는지와 관련된 문제다.

따라서 성인 공부에서 안다는 것은 지적인 앎의 기준을 충족시키는 것에 그치지 않고 개별 상황에서의 응용과 관련된 살아 있는 지혜여야 한다. 그럴 때 공부하는 당신은 임계점을 돌파해서 독특한 당신만의 위대함을 만날 수 있을 것이다. 같은 것을 배우고, 같은 책을 읽어도 그것이 당신의 삶에 적용될 때 전혀 다른 색깔로 드러나는 변신을 거듭하기 때문이다.

가끔 전문가로 향하는 임계점에서 큰 산에 막혀 힘들어하는 사람을 만나게 된다. 그럴 때 무슨 말을 해주어야 할지 답답한 적이 많다. "그냥 열심히 하면 좋은 결과가 있을 것입니다. 시간이 걸립니다" 같은 이야기는 그 사람을 좌절시키는 말이자 무책임한 말일 것이다. 뭔가 실마리를 제공하거나 깨달음을 줄 수 있어야 하는데, 그게 안 될 때 답답함을 느낀다. 상대에게서 좋은 질문이 생략되면 더욱 그렇다.

버트런드 러셀의 《서양철학사》를 읽다가 다음과 같은 구절을 발견했다. "지식의 크기가 증가할수록 고민의 크기도 증가한다." 이 구절은 내 고민을 다소간 해결해주었다. 임계점 돌파하기 공부를 실천하겠다는 목표를 세운 사람이라면 결국 현재의 삶에 만족하지 못해 어제보다는 나은 오늘을 살겠다고 작정한 사람일 것이다. 그렇다면 자신만의 고민을 통해 자신만의 답을 찾아내는 것은 너무나 당연한 것임을 받아들여야 한다. 골치 아프다고 피하고, 어렵다고 피하면서 늘 쉬운 것들만 공부해서는 절대 평범함을 넘어 위대함으로 나아갈 수 없다.

어쩌면 우리는 자기 답을 찾아야 하는 임계점 돌파의 순간에도 그 답을 다른 사람이 제시해줄 것이라고 너무나 쉽게 생각하며 산다. 이럴 때 스승의 역할은 아주 중요하다. 나 역시 임계점을 돌파하는 변곡점에서 그런 적이 많았고, 그럴 때마다 나보다 먼저 공부로 임계점을 돌파한 사람들, 소위 내공이 높다고 하는 사람들을 찾아 고민을 토로한 적이 많다.

이럴 때 그 사람의 깊이를 알 수 있다. 질문과 대답은 곧 그 사람의 사유의 깊이를 대변한다. 사유의 깊이가 얕은 사람은 질문을 할 때 위인의 말에 지나치게 의존하거나 원론적인 이야기를 하게 된다. 사유만 있고 다른 사람에 대한 공부가 없는 사람은 너무 개인적인 체험 위주로 이야기를 하니 공감이 잘 되지 않는다. 이런 점을 알았기에 공자는 다음과 같이 이야기했을 것이다. "학이불사즉망, 사이불학즉태(學而不思則罔, 思而不學則殆)." 즉 배우기만 하고 생각하지 않으면 남는 것이 없고, 생각하기만 하고 배우지 않으면 위태로워진다는 뜻이다. 당신은 늘 살아 있는 스승에게서 배울 수만은 없다. 그러니 책을 통해 이미 죽은 스승에게도 배워야 한다. 그 과정이 결합될 때 임계점을 돌파하고 전문가로 나아가는 공부가 촉진된다.

장기적으로 임계점을 돌파하는 공부를 할 때 주의해야 할 것이 있다면 공부를 무용성과 연결 짓는 것이다. 대표적인 것이 자기계발류의 책이고, 때로는 철학, 특히 서양철학도 그렇다. 스티븐 코비나 앤서니 라빈스, 존 맥스웰, 데일 카네기, 브라이언 트레이시 등의 자기계발서를 읽고 실행이 되지 않는 좌절감이 첫 번째라면, 고전을 읽을 때 만나는 것이 두 번째 장벽이다.

공부의 무용론을 주장하는 사람들의 공통된 특징이 있다면, 세상의 욕구에는 관심이 많은데 정작 자신이 뭘 원하는지 그리고 왜 공부하는지에 대한 고민이 생략되어 있다는 것이다.

나 역시 오랜 시간 동양철학과 서양철학의 관념을 이해하기 위해 시간을 보내왔고 무지의 숲에서 방황하는 세월을 보냈다. 그 대상이 쇼펜하우어이기도 했고, 니체이기도 했고, 키르케고르이기도 했고, 알베르 카뮈이기도 했다. 또한 사르트르, 에리히 프롬, 톨스토이, 아리스토텔레스, 들뢰즈, 헤겔, 몽테뉴, 괴테이기도 했다. 또한 사서삼경이기도 했고, 노자나 장자이기도 했다. 때로는 불교나 기독교 철학, 한국 철학이기도 했다. 사유의 높은 벽을 만나면 학문적 진보를 찬양하거나 지혜의 깨달음을 얻기도 전에 무지를 확인하거나 지나친 현학성에 몸서리치기도 했다. 그럴 때면 임계점을 돌파하는 공부를 한다는 것이 삶에서 진정 가치가 있는 것인가 하고 묻곤 했다.

그들의 책이 책꽂이에 꽂혀 있다는 자체가 숨 막히기도 했고, 시간이 흐를수록 나의 무능함을 나무라는 것 같기도 했다. 그럴 때 가끔은 책을 불쏘시개로 사용하고 싶다는 충동을 느끼기도 했다.

그러다가 서양철학과 동양철학의 근본적 차이를 이해하고, 궁극적으로 철학이 요구하는 것이 무엇인가를 이해하기 시작했다. 먹구름이 하나둘 걷히기 시작했다. 동양철학은 세계의 근본적 토대를 구체적 경험에서 찾기에 직관이나 전체적 관망을 중시한다. 한편 하늘의 뜻을 이해해서 천명을 완수하는 성인이 되는 것을 목표로 한다. 또한 집착과 당연함을 넘어 공(空)의 세계를 이해하는 것이 불교 계통의 가르침이다. 농경 중심의 사유를 담고 있고, 천(天)-지(地)-인(人) 순서로 설명이 된다.

동양철학에서는 성인에 이르는 길을 도(道)라고 불렀다. 노자, 공자, 장자, 맹자, 주자의 사상이 모두 그러하다. 우리나라에 오면 이황과 이이, 정약용이 주장하는 바가 그러하다. 용어에서 조금 차이가 있을 뿐 궁극적으로 천명에 의거하여 도를 실천하는 것이 인간의 삶이라는 것이다. 공자는 그것을 인(仁)이라 했고 노자는 무위자연(無爲自然), 맹자는 사단(四端)이라고 표현했다. 그런 점에서 일반인이 도를 실천하는 삶을 가장 이해하기 쉽게 설명된 것이 맹자의 사단이라 할 수 있다.

사단은 인의예지(仁義禮智)를 말한다. 첫째, 인은 사랑으로, 측은지심(惻隱之心)이다. 즉 피를 흘리는 사람이 있으면 같이 느끼는 것이다. 둘째, 의는 정의로, 수오지심(羞惡之心)이다. 즉 자기의 옳지 못함을 부끄러워하고, 남의 옳지 못함을 미워하는 마음이다. 셋째, 예는 예절로, 사양지심(辭讓之心)이다. 즉 겸손하여 남에게 사양할 줄 아는 마음이다. 넷째, 지는 지혜로, 시비지심(是非之心)이다. 즉 옳음과 그름을 가릴 줄 아는 마음이다.

인간이 생활하면서 어떤 선택을 하게 될 때 사단에 의거해서 양심에 따라 행동하는 것이 군자가 도달하고자 하는 목표점이었다. 하지만 우리가 사단을 알고 양심을 알더라도 생활에서 실천하기는 쉬운일이 아니다. 우리 일상은 자신의 에고(ego), 일테면 집착이 지배하기 때문이다. 에고의 속성은 늘 자기에게 이익이 되는 것을 좇게 되어 있다. 그래서 인간이 동물과 다른 모습을 보여주기 위해서는 인간다운 수양이 필요하다는 것이 선현들이 제시한 철학의 목적이었다.

수행 방식으로는 《대학》에서 말한 수신제가치국평천하(修身齊家治國平天下)가 있다. 양심에 의거한 수신이 된 사람이 천자가 된다면 백성들의 삶이 고루 편안해진다는 것이다. 따라서 우리는 동양철학을 통해 인간의 기본적인 덕목이나 덕성을 개발하고 그 속에서 하늘이 우리에게 준 천명대로 살려고 노력해야 한다는 의미다. 그것이 개인들의 삶에 실천된다면 우리가 지금 접하는 사회적 병리현상 대부분이 제거될 수 있다고 보는 것이다.

최근 강조되는 인성 교육은 정확하게 말하자면 가르치는 것이 아니라 인간이 본래 가지고 태어난 양심이 일상에서 잘 작동되도록,

스스로 가슴에서 *끄*집어내도록 모두에게 기회를 제공함을 말하는 것일 게다.

서양철학으로 가보자. 서양철학은 동양철학과 반대되는 길을 간다. 서양철학은 세계의 근본적인 토대를 사유에서 찾는다. 그러다 보니 이성, 논리적 분석, 판단, 가정, 집요한 탐색이 이루어진다. 배타적인 집착이 많고 난해해서 하나의 답을 얻으면 두세 가지의 혼란에 빠지게 된다. 시장 중심의 설득을 기본으로 인간−현상−이데아라는 순서로 설명된다. 그래서 서양철학은 동양철학에 비해 어렵다.

동양철학은 우리의 일상, 개인의 경험을 통해 더 나은 단계인 천명으로 나아가는 것이기에 이해하기가 쉽다. 하지만 서양철학은 눈에 보이지 않는 이상세계(이데아, 천명)를 설명하려다 보니, 플라톤의 동굴의 우화가 등장하고 갖가지 관념과 이론이 난무한다. 눈에 보이지 않고 경험할 수도 없는 절대세계를 말로 설명해서 현실로 끌고 오려다 보니 복잡해서 논리학이 등장하고, 수많은 관념이 등장한다.

결론은 같다. 서양철학도 영성이든 이데아든 결국에는 천지를 창조한 조물주의 뜻대로 사는 것을 목표로 한다. 플라톤이《국가론》에서 철인정치를 주장한 것이나 소크라테스가 진리를 위해 스스로 독약을 마신 것이나 본질은 진리를 추구하고 진선미(眞善美)를 실천하면서 살라는 것이다. 이런 간단한 서양철학이 기독교 논리와 혼합되면서 너무 복잡해져 버렸다.

이런 점을 간단히 파악하고 자명하지 않은 것은 담지 말고 버리면서 공부한다면 공부가 조금은 즐거워질 것이다. 결국 인간은 지식으로 인해 고통받는다. 그래서 방향을 제대로 잡지 않고 공부하면 늪에 빠져 허우적대다가 포기하게 되는 것이다.

이런 것들은 임계점을 돌파하고 전문가로 나아가기 위한 공부를 할 때 누구나 한 번은 꼭 넘어야 할 큰 산일 수 있다. 어려울수록 그 분야가 추구하는 목적이나 원리 그리고 본질이 무엇인가를 찾는 것이 임계점 돌파를 위한 지름길이다. 그래서 전체를 볼 수 있는 통찰을 갖지 않고서 전문가가 된 사람을 만나기란 흔치 않은 법이다.

2장

기적을 찾지 말고
나를 믿어라

"사람은 반드시 자신을 위하는 마음이 있어야만
비로소 자기 자신을 이겨낼 수 있고,
자신을 이겨내야만 비로소 자기를 완성할 수 있다."

• 왕양명 •

기적의 독서법은
없다

'기적의 독서법'에 대한 질문을 가끔 받는다. 질문하는 사람의 조급함이 느껴진다. 그 질문에는 빠른 시간에 위대함에 닿고 싶다는 욕망이 숨겨져 있다.

국어사전에서는 기적(奇蹟)을 '상식으로는 생각할 수 없는 기이한 일 또는 신에 의하여 행해졌다고 믿어지는 불가사의한 현상'이라고 풀이했다. 상식적이지도 않고 인간 노력의 영역을 벗어난 일이라는 것이다. 많은 이들이 삶에서 한 번쯤은 기적이 일어나기를 바라며 산다. 하지만 기적은 로또에 당첨되는 것만큼이나 흔한 일이 아니다.

때론 눈 질끈 감고 "그렇게 해보세요. 그럼 좋은 결과가 있을 겁니다", "인생은 늘 기적 같은 것이고 그 기적이 당신에게도 찾아올 것입니다"라고 말해주고 싶다는 충동도 느낀다. 하지만 대안 없는 막연한 격려를 난 하지 않는다. 객관적인 자기를 볼 수 있을 때 더 많이 성장할 수 있다는 것을 알기 때문이다.

경험에 의하면, 기적을 말하는 사람들 중 다수가 선전선동가이거나 광기를 타고난 사람들이다. 그들은 가슴을 뛰게 하고 잠자는 영혼도 깨운다. 그들을 만나면 누구나 기적처럼 삶이 갑자기 바뀔 수 있으리라는 희망을 갖게 된다. 그 방법을 따라 하기만 하면 획기적인 반전이 인생에서 일어날 것 같은 착각도 느낀다.

하지만 그 속에는 함정이 많다. 기적의 주인공은 대개 극단적 몰입과 열정으로 탁월한 성취를 한 인물들이다. 기적의 결과를 낳게 된 과정을 드라마틱하게 구성해서 신화처럼 보여준다. 야구경기 중 9회 말 투 아웃 투 스트라이크 상황에서 역전 만루 홈런을 친 것만큼 극적으로 만들어 군중을 광분하게 한다. 그러면서 그 주인공처럼 행동하기만 한다면 누구나 엄청난 기적을 만들어낼 수 있으리라는 믿음을 심어준다. 서양의 자기계발이 강조하는 전형적 성공 모델이다. 《신념의 마력》,《정상에서 만납시다》,《무한능력》 등에서 소개되었듯이 신경심리학 분야에서 집중적으로 연구되었다. 특별히 기댈 곳도 가진 것도 없는 사람들에게 이런 이야기는 가슴의 불을 지피는 동기가 되기도 한다.

그래서인지 기적을 말하는 곳은 언제나 사람들로 붐빈다. 길을 잃고 방황하거나, 일상이 너무나 평범해서 쥐구멍에 볕 들 날을 기다리는 사람들, 상처받은 사람들, 실패를 겪은 사람들···. 열심히 노력하는 것만으로는 불가능하니 마법을 만나 인생역전을 이루길 꿈꾼다.

기적을 믿는 사람들, 타자의 욕망을 의심 없이 받아들이는 사람들에게 찰스 로스의 다음과 같은 이야기는 매혹적인 경구가 된다. "당신은 세계 최대의 야망을 가질 수 있는 사람이다. 달을 정복할 야망을 가져라. 그런 당신의 야망이 실현되지 못하도록 막을 사람은 아무도 없다. 한 사람을 제외하고는 그것을 막을 사람은 하나도 없다. 당신이 바로 그 사람이다."

그런 면에서 인간은 늘 자기가 가진 능력 이상을 꿈꾸며 살아가는 욕심쟁이들이다. 자크 라캉은 이런 인간의 심리를 통찰하여 "모든 욕망은 타자의 욕망이다"라고 말했다. 타자의 욕망은 허영을 부른다. 욕망의 축제에서는 모두가 주인공이다. 하지만 축제가 끝나면 관객은 그저 박수를 치고 환호하는 관객의 위치로 돌아갈 뿐이다. 자신이 주인공이 된 듯한 착각과 대리만족은 그저 한때의 추억으로 남는다. 일상은 여전히 어제와 같이 힘겨울 뿐이요, 기적은 일어나지 않는다. 이것이 기적을 말하는 일반적인 패턴이다.

피라미드 회사에서 계속하여 피해가 발생하고, 사이비 종교집단에 전 재산을 갖다 바치는 사람이 생기고, 마지막 남은 전세금까지 가족 모르게 빼내 한 방에 투자하여 인생역전을 꿈꾸는 사람도 계속 생겨난다. 이런 사람들은 오늘도 세계 곳곳에 존재한다. 그들이 들려주는 억울함 속에는 '기적'이라는 욕망의 전차에 아무 생각 없이 올라탔을 때 맞이하게 될 결말이 담겨 있다.

자신을 위한 공부! 임계점 돌파를 통해 전문가가 되고자 하는 공부! 좋은 삶을 살아가기 위한 공부를 원한다면 애초에 '기적의 독서법' 같은 것은 삶에서 멀찌감치 밀쳐두는 게 좋다. 인생의 기적을 바랄수록, 로또 한 방에 미래를 맡길수록 현실은 허망해진다. 그런 삶을 꿈꿀수록 정작 자신이 삶에서 통제할 수 있는 것들이 얼마 없다는 것을 배우게 되는데, 이 역시 인생의 역설이다.

적게 노력하고 획기적 도약을 할 수 있는 방법이 있다면 얼마나 좋겠는가? 그런 기적이 당신의 삶에 주어진다면 얼마나 멋진 일이겠는가? 기적의 독서법으로 당신의 삶이 짧은 기간에 엄청난 변화를 가져와 전문가로 살 수 있다면 얼마나 좋겠는가? 야속하게 들릴지 모르지만, 꾸준함을 버리고 지름길을 찾는 사람들에게 그런 갈망은 대개 미망으로 끝난다. 광기에 빠진 기적의 이야기가 당신의 이야기가 될 것이라고 믿는 행위는 자칫 인생 낭비로 이어질 수 있다.

기적의 독서법이라는 말은, 환생을 되풀이하는 티벳의 법왕 달라이 라마가 모든 중생이 수양만 제대로 한다면 자기 같은 혜안을 가진 위대한 선지자가 될 수 있다고 설법하는 것과 같이 무책임한 일일 수 있다.

그들이 가장 즐겨 도입하는 것이 무의식의 세계에 관한 것이다. 볼 수도 없고 증명되지도 않은 뜬구름 잡는 이야기는 미래가 불안하다고 점쟁이를 찾아가 굿을 하는 것만큼 불투명한 일이기도 하다. 어쩌면 어리석은 속성을 타고난 인간은 알고도 속고 모르고도 속으면서 무지개를 찾아 평생을 헤매는지도 모른다.

────── 공부에 만병통치약 같은 건 없다

'뿌린 만큼 거둔다'는 말이 있다. 하지만 현실에서는 뿌린 만큼 못 거두는 경우가 더 많다. 이런 사실을 받아들이는 지혜는 기적을 바라며 사는 것보다 우리 삶에서 훨씬 더 중요하다. 천재니 기적이니 비밀이니 하는 말들에는 사람의 능력을 깨우는 긍정적인 면과 좌절하게 하는 부정적인 면이 함께 담겨 있다.

공부에서 기적이란 무엇일까? 자신이 진짜 뭘 원하는지도 모르는 채 살다가 임계점 돌파하기 공부를 통해 세상이 요구하는 삶과 자기가 원하는 삶을 조화롭게 만들어가는 것이 진정한 기적이 아닐까? 임계점을 돌파한 후 전문가의 자질을 갖게 되어 좀더 자유로운 삶을 살게 되는 것이 곧 기적이자 위대함일 것이다.

꼭 하고 싶은 일을 찾아 자신의 의지대로 가시밭길을 걷는 용기, 가까이 있는 사람들에게 존재 자체를 증명하려고 노력하지 않아도 되는 관계, 하루하루가 타인과 세상에 덕으로 펼쳐지는 삶, 이런 것들이 당신의 삶을 위대한 것으로 전환시키는 기적이다. 좁은 관점으로 살다가 공부를 통해 몰랐던 자기를 발견하는 과정이 곧 자기 삶의 기적일 것이다.

소비 중심의 사회에서 타자의 욕망이 아닌 주체적 욕망을 선택하고 살아갈 수 있는 것이 기적이다. 자기밖에 모르던 삶에서 타인의 마음을 이해할 수 있는 인간 자체로서의 연민(동정은 아님)을 깨닫고 더불어 사는 삶을 실천할 수 있는 것이 기적이다. 얄팍한 지식을 팔아 다른 사람에게 바람을 불어넣음으로써 그가 땅에 발을 디디고 사는 것이 아니라 뜬구름을 좇도록 하는 게 기적은 아닐 것이다.

성공도 하고 인간다운 삶도 살기 위해서는 많은 역량이 필요하다. 인맥, 경력관리, 목표관리, 공부 등이다. 나는 지금껏 그런 것들에 관심을 갖느라 정작 내가 하고 싶은 것을 하지 못한 적이 많았다. 내 삶에서 기적이란 곧 국어사전의 풀이대로 '상식으로는 생각할 수 없는 기이한 일 또는 신에 의하여 행해졌다고 믿어지는 불가사의한 현상'으로 이해한다. 그래서 기적을 바라고 헛된 일을 하느라 시간을 허비하지 않고 임계점 돌파를 위해 책을 열심히 읽는다.

단순히 읽는 것에 그치지 않고 사유하면서 내 삶의 지혜를 찾고자 부단히 노력한다. 공부한 것 중에서 다른 사람에게 도움이 될 수 있는 내용을 발견하면 경험과 사례를 들어 느낀 통찰을 나눈다. 그때 선현들이 강조한 교학상장(教學相長)의 참뜻이 살아난다. 그래서 나는 책에서 읽은 내용을 의심도 없이, 사유하지 않은 채 앵무새처럼 전달하는 것을 경계한다.

"자기 몸에 맞지 않는 욕망에 매달리는 것은 치수가 안 맞는 남의 의복을 빌려 입으려는 것과 다름없다. 당신에겐 당신의 노래가 있다. 그대의 노래를 발견할 때 그대는 행복하리라. 자기와는 전혀 다른 어떤 사람이 되고자 하지 말라. 그것은 불행의 시초이다." E. 팔트의 말이다.

기적의 독서법과 같은 자기계발서에서는 책을 열심히 읽고 목표관리를 잘하면 성공하는 인생에 도달한다고 한다. 아마 절반쯤은 맞을지도 모른다. 나머지 절반은 당신 스스로가 찾아야 위대한 삶을 만들 수 있다. 모든 사람에겐 자기에게 맞는 옷이 있다. 자기 옷을 찾지 못할 때 남들이 제시하는 방법은 분명 도움이 된다. 하지만 남들이 제시하는 방법은 기성복일 뿐이다. 세상에서 유일한 맞춤옷이 되지는 못한다. 그 맞춤옷을 찾아가는 꾸준한 노력이 곧 기적을 만드는 임계점 돌파하기 공부의 과정이 되면 좋겠다.

내가 살아온 과정을 돌아보면 목표대로 된 것은 거의 없다. 작가나 강사, 교육업체의 대표가 되기 위해 목표를 정하고 준비한 적은 없었기 때문이다. 공부하는 삶을 좋아하여 24년간을 매일 꾸준히 임계점을 돌파하기 위해 다양한 방법을 연구하다 보니 어느 날 그런 기회가 생겼을 뿐이다.

당신도 위대한 당신을 만나고 싶다면 당신만의 혼이 담긴 피나는 노력과 남들과 다른 전략적 사고를 해야 한다. 기적의 독서법을 통해 그런 기회가 주어지는 것이 아니다. 독서란 단지 자신의 재능과 결합되는 마중물 역할을 할 뿐이다. 사업을 하는 사람에겐 더 나은 사업가로, 공부를 하는 사람에겐 더 나은 전문가로, 직장인에겐 더 나은 직장인으로 나아가도록 독서가 기능한다는 것이다. 그런 면에서 책을 읽기만 하면 모든 것이 바뀐다는 말은 오해의 소지가 많다.

기적의 독서법을 믿는 것이 아니라 자신이 원하는 것을 찾기 위해 한계를 돌파해내는 꾸준함이 절실하다. 사업가는 사업가의 기질로, 학자는 학자의 기질로, 정치가는 정치가의 기질로, 장인은 장인의 기질로, 작가는 작가의 기질로, 공직자는 공직자의 기질로 승부하는 것이 기적을 찾아가는 길이 아닐까?

세상에 만병통치약은 없다. 독서가 만병통치약이라고 말하는 것은 길거리 약장수가 사람들을 현혹해서 모든 병이 나을 것이라고 말하는 것과 무엇이 다르랴. 책은 모든 일을 할 때 자신을 정확하게 진단하고 다른 관점에서 보게 하며, 세상을 넓게 보고 다양한 이들을 통해 새로운 통찰을 할 수 있도록 해준다. 하지만 자신과 맞지 않는 옷은 아무리 화려하더라도 우스운 꼴이 될 뿐이라는 사실을 기억하고, 당신만의 멋진 옷을 만들었으면 좋겠다.

어떤 공부를
해야 할까

공부란 늦춰서도 안 되고 성급해서도 안 되며 죽은 뒤에나 끝나
는 것이다. 만약 공부의 효과를 빨리 얻으려 한다면 이 또한 이
익을 탐하는 마음이다. 공부는 늦추지도 않고 서두르지도 않으
면서 평생 꾸준히 해나가야지 그렇지 않고 탐욕을 부린다면 부
모가 물려준 이 몸이 형벌을 받고 치욕을 당하게 하는 것이다.

- 이이, 《자경문》

사람들은 늘 뭔가를 배운다. 그래서 늘 공부를 하고 있다고 생각할
수 있다. 하지만 '공부란 무엇이고 어떤 역할을 하는가?'란 질문에
답을 해보라. 쉽게 대답하기 어려울지도 모른다.

이것이 공부를 통해 지적 자산을 만들어야 하는 시대를 사는 우리가 풀어야 할 숙제다. 자기가 원하는 삶과 연결된 공부의 역할을 알수 없다면, 꾸준하게 공부를 하더라도 우리 삶은 언제든 위기에 처할 수 있다. 이것이 공부를 새롭게 정의해야 하는 이유이자, 지식이나 스펙이 자본이 되기 어려운 사회를 살아가는 우리에게 닥친 위기다.

삶에서 잘 알고 있다고 여기는 용어(개념)에 대해 자기만의 정의가 없을 때, 우리는 종종 그것 때문에 혼란을 겪게 된다. 공부가 그렇다. 공부가 혼란스러운 이유는 크게 두 가지로 볼 수 있다.

하나는 지금껏 살면서 자신이 원하는 진정한 공부에 대해 깊이 생각해본 적이 없는 경우다. 부모나 선생님의 요구를 그대로 수용한채 살아왔기 때문이다. 질문하는 태도보다는 대답하는 태도를 권장하는 우리 교육 방식이 주된 원인일 수 있다.

다른 하나는 우리가 흔히 사용하는 공부라는 단어 속에는 일반인이 생각하는 것 이상의 다양한 의미가 혼재되어 있는 것이 원인이다. 그 속에는 서양식 공부(study), 한자식 공부(工夫), 한국의 특수한 상황(신분 상승 열망, 사농공상의 심리적 계급 갈등, 체면 의식) 등이 뒤섞여 있다. 게다가 학생의 공부와 어른의 공부가 다르고, 학교 공부와 독서가 분리되어 있는 것까지 고려하면 더 복잡해진다.

이런 이유로 우리는 너무 잘 알고 있다고 여기며 살아온 공부에 대해 구체적인 정의를 내리기조차 어려워하게 되었다. 따라서 지금부터라도 강요가 아닌 임계점 돌파를 위한 공부가 되기 위해서는 먼저

우리에게 혼란을 주는 공부의 어원과 발전 과정을 검토해보는 것도
유의미할 것이다.

———— 공부의 어원과 의미

공부(工夫)는 중국 당나라 시대에 불교의 주공부(做工夫)에서 기원을
찾을 수 있다. 불가에서 참선, 염불, 기도에 전력하는 것으로 쓰였던
것이 송나라 때 주자의 《근사록(近思錄)》(1175년경)에서 주(做)가 빠
지고 공부라는 단어로 빈번하게 사용된다. 이때 공부는 '성인이라는
큰 목표를 세우고 수양하며 실천한다'는 의미를 담고 있다. 성리학
을 신봉한 조선왕조 때부터 줄곧 사용되다가 현재 우리가 사용하는
공부라는 단어로 정착되었다.

　한편 영어 study는 라틴어 어원 studēre(학문을 한다)에 기반을 둔
것으로 무엇인가를 열심히 노력해서 습득한다는 의미를 가진다. 서
양식 학문은 '개념적 지식의 한계를 넓혀 인간 이성을 확충한다'는
의미와 관련되어 있다는 점에서 성인을 목표로 삼는 동양식 공부와
는 많은 차이를 보인다.

　한편 study는 번역 과정을 거치면서 한·중·일에서 다른 의미로 쓰
이게 되었는데, 이 점도 살펴보자. 한국에서는 공부(工夫)와 같은 뜻
으로 쓰인다면, 일본에서는 벤쿄(勉強)라는 '억지로 해야만 하는 괴

로운 것'으로, 중국에서는 니엔수(念書), 즉 '책 읽기'라는 단어로 번역되었다. 이처럼 일본어와 중국어에서는 더 직접적이고 구체적인데 비해, 우리에게는 동양과 서양의 공부를 포함하는 포괄적인 의미를 담고 있다는 점에서 차이를 나타낸다. 이것이 우리가 공부를 정의할 때 혼란을 겪는 이유다.

게다가 일본과 중국에서는 우리가 사용하는 공부가 study와는 전혀 다른 의미로 쓰이고 있다. 일본어의 공부하다, 즉 쿠후스루(工夫する)는 '요리조리 궁리하고 머리를 짜낸다'는 뜻이고, 중국어의 쿵푸(工夫)는 '신체적 단련을 통해 달인적 경지에 이르는 것'을 의미한다. 고미숙 씨가 지은《공부의 달인 호모 쿵푸스》라는 책은 이 쿵푸를 따른 것이다. 즉, 쿵푸는 기나긴 시간을 통하여 공부뿐만 아니라 자기 일에서 장인정신을 발휘하는 생활의 달인 같은 것을 모두 포함하는 개념이다.

우리가 서양 언어인 study를 번역하는 데 일본이나 중국과 달리 '공부'를 고집한 것은 바로 성리학을 이어가고자 하는 완강한 전통이 남아 있었기 때문이다. 따라서 우리가 흔히 사용하는 공부라는 말에는 성리학이 전하는 '성인이라는 큰 목표를 세우고 수양하며 실천한다'라는 의미와 중국어의 '쿵푸'가 담고 있는 의미, 그리고 서양의 'study'가 내포하는 플라톤식 의미까지 동시에 담고 있다. 이와 같이 우리가 어린 시절부터 줄곧 들어오던 공부라는 말에는 여러 해석이 뒤섞여 있기에 '공부란 무엇인가'에 쉽게 답할 수 있는 사람이 많지 않은 것이다.

앞에서 살펴본 공부의 다양한 의미는 이상적인 공부론에 가깝다고 할 수 있기에 효율과 성과를 중시하는 요즘 시대에는 마음에 잘 와 닿지 않을 수 있다. 따라서 공부의 어원을 살피는 것은 우리가 공부를 하는 근본적인 목적과 본질을 파악하고, 현시대가 요구하는 공부는 무엇인지 그 간격을 좁히는 작업과 관련된 것이다. 나아가 자신이 좋아하는 분야를 선택한 후, 집중적이고 꾸준한 노력으로 자신이 잘하고 좋아하는 분야에서 임계점을 돌파하여 전문가로서 위대한 삶의 여정을 떠나기 위한 좀더 구체적인 맥락을 잡기 위함이다.

─────── 신분 상승만을 목표로 하는, 변질된 공부

오랜 시간 우리 사회에서 공부는 신분 상승을 위한 수단으로 인식되었고, 그것은 곧 출세를 의미했다. 과거 신분제 사회였던 우리나라에서 평범한 사람이 출세하려면 과거시험에 합격하는 길 외엔 특별한 방법이 없었다. 그래서 사(士)의 계급에 진출하기 위해 과거시험에 집안의 명운을 걸고 덤벼들었던 것이다. 이후 신분제가 폐지되고 서양식 근대화를 거치면서도 과거 열풍은 대물림되어 상급학교 진학이라는 방식으로 변형되었다.

학교(초등학교~대학원, 유학) 공부, 내신 공부, 수능 공부, 어학 공

부, 취업 공부, 자격증 공부, 면허 공부, 학과 공부 등 한마디로 생존 경쟁 공부가 강조되고, 인격적 성숙이나 자기가 좋아하는 일에서 장인의 경지에 이르는 공부는 덜 중요한 것으로 여겨졌다.

지금 우리 사회에서 교육과 공부라는 말은 거의 같은 의미로 사용된다. 즉 공부를 잘한다는 말은 학교 시험 점수가 높다는 뜻이다. 공부를 잘한다는 것은 일류 대학에 입학할 가능성이 높다는 뜻이자 좋은 직업을 얻기 위한 디딤돌로서 역할을 한다. 다시 말해 우리 사회에서 공부란 그저 물질적·사회적 지위 획득의 도구로 전락해버렸다. 이런 사이 신체적 단련을 통해 달인의 경지에 이른다는 공부의 전통적 의미는 퇴색되었고, 실존을 위한 질문은 생략되어버렸다. 인간의 모든 행위는 경제적 잣대로 측정되고 인격이나 형이상학적 가치에 대한 의미는 거추장스러운 것으로 축소되었다.

이런 분위기는 우리에게 현명한 공부보다는 영리한 공부를 하게 했다. 그러는 사이 인간으로서 가치 있는 삶을 사는 공부보다는 성공하기 위한 수단으로서의 공부, 성과를 높이기 위한 공부에 온통 치우쳐버렸다. 이런 문화에서 공부는 규격화된 지식의 축적과 보여주기 공부로 변질된다. 오늘날 경쟁적으로 이루어지고 있는 소위 '스펙 쌓기'는 이런 보여주기 공부, 타율적 공부의 전형이 되었다.

이런 공부에는 자기가 원해서 하는 공부, 적성을 찾아 기능을 높이는 공부, 인간다운 행동을 위한 공부, 즉 자기실존을 찾아가는 가치 있고 위대한 삶은 소외되고 말았다. 신분 상승이나 보다 나은 생존 조건을 개선하기 위한 활동으로서의 공부만 남게 된 것이다. '남이 정해준 학습'이자 소극적이고 수동적인 의미로 변형되고, 습득하는 지식들은 우리의 구체적인 일상과도 괴리되어 공부가 자기 중심의 삶을 개척하는 데 방해가 되고 있다.

게다가 신분 상승 욕구에는 은근히 사농공상(士農工商)에서 사의 계급을 선망하고 공상(工商)을 폄하하는 보이지 않는 문화까지 담겨 있다. 그리하여 너무 많은 사람이 출세를 위한 공부에만 집중한 나머지, 배웠으나 쓸 곳을 찾지 못하는 지식대중(知識大衆)만 늘어난 사회가 되어버렸다. 공부 경쟁에서 탈락한 이들은 어른이 되어 무엇을 해야 할지, 자기 삶을 사는 것이 어떤 것인지 모른 채 길을 잃고 방황하는 악순환이 계속되고 있다.

─────── 임계점 돌파를 위해 공부 목표를 재설정하자

우리가 흔히 사용하는 공부라는 개념에는 근대 이전 서양의 귀족층 공부, 동양의 성인이 되기 위한 공부, 일반인의 신분 상승을 위한 공부, 신체 단련을 통해 달인적 경지에 이르는 공부 등의 개념이 모두 담겨 있다는 점을 어원을 통해 밝혔다.

따라서 앎의 경쟁력이 바뀌고, 지식과 스펙이 모든 이에게 인적 자본의 역할을 할 수 없게 된 지금 우리는 신분 상승과 성과만을 위한

축소된 의미의 공부를 넘어 자기가 원하는 공부의 본질과 역할을 재설정해야 하는 요구 앞에 서 있다. 인류사를 관통해온 총합적인 공부라는 본질적 공부 목적과 이 시대가 요구하는 쓰임을 위한 공부 요구와의 큰 간격을 메우고 그 속에서 자기 중심의 공부로 좋은 삶을 살기 위해서는 남이 제공하는 타율적 공부가 아니라 자기만의 공부 목표를 재설정해야 한다는 것이다.

그 실마리를 우리는 지식층이란 말보다는 지식대중이란 말이 흔히 쓰이는 현상에서 찾아볼 수 있다. 1970년대 초만 하더라도 소수의 지식층은 공부를 경쟁력으로 삼아 지성인으로서 성공뿐만 아니라 사회적 공동선을 실천해야 한다는 책무를 부여받았다. 또 다른 곳에서는 도제생활을 통해 기술을 전수받거나, 가업을 대물림하는 장인의 길로 삶의 가치를 실천했다.

그 외 절대다수는 성장하는 사회의 시스템 속에서 어느 정도의 학벌을 바탕으로 열심히 일하는 것으로 삶의 가치를 찾았다. 졸업장이 없더라도 인간으로서의 도리를 지키는 것과 성실함만으로 충분히 자기존재를 확인받을 수 있는 곳도 많았다. 그들에게는 사회 리더로서 필요한 역량을 쌓기 위한 공부가 필요하지도 않았고, 아주 정밀한 장인이 되기 위한 도제식 활동도 필요하지 않았다. 그때의 대중은 농업에 종사하다가 산업화를 거치면서 공장의 노동자로 대거 이동된 사람들이었다. 그들은 포드가 창안한 컨베이어 시스템에 따라 분업화된 업무의 기능을 높이면 되었다. 필요한 공부라는 것도 작업

지시를 읽을 수 있는 수준에 그쳤다. 쉽게 말해 공부라는 말이 지금처럼 중요성을 띠지는 않았다는 특징을 보여준다. 자본주의가 시작된 이래 세계적으로는 100년간, 한국 사회에서는 대략 40여 년간 경험한 고용사회의 패턴이다.

그 시간 동안 많은 것이 바뀌었다. 생활수준의 향상, 핵가족의 보편화, 대학교의 기하급수적 증가, 전통 제조업의 퇴조와 자동화 및 디지털 세상의 도래는 지식산업에 종사하는 인구를 폭발적으로 증가시켜 과잉공급이라는 기현상을 낳았다.

그사이 지식층이란 말은 사라지고 지식대중이란 말이 일반화되었다. 지식대중의 특징은 졸업장이나 스펙, 지적 소양은 가졌으나 새로운 시대가 필요로 하는 인재상에 적합하지 않고, 전문직 취업은 경쟁이 치열하여 제대로 된 직업을 갖지 못하는 사람들을 말한다.

한편 전문직으로서 평생 사회적 지위나 경제적 안정을 보장받았던 분야들조차도 지식대중으로의 편입이 가속화되고 있다는 점이 심각성을 더해준다. 게다가 비교적 신분이 안정되었다고 여겨지던 기능직 종사자들조차 자동화로 인해 일자리를 점점 잃어가고 있다.

이처럼 지금 우리가 직면하고 있는 사회는 과거 몇 가지 방식만으로 해결할 수 있었던 인간적인 삶에 대한 전통적 패턴을 파괴해버렸다. 이것이 40년간 지속되어온 고용사회가 저물어가는 우리 사회의 모습이다. 따라서 공부에 대한 목표를 재설정해야 하는 가장 시급한 사람들은 지금 지식대중으로 편입되고 있는 사람들이자 지식대중으로 편입될 시점을 눈앞에 둔 학생들이다. 따라서 우리는 자기도 모르게 지식대중에 편입되어 지금까지 해온 공부가 전혀 쓸모가 없게 되는 재앙을 막아야 할 중차대한 기로에 서 있다.

따라서 생존형 공부에 그치거나 과거 지식인에게 경쟁력이 되었던 지적 소양을 갖기 위한 공부를 넘어설 수 있는 공부를 해야 한다. 공부는 했으나 그것을 활용할 수 있는 직업이 없어질 뿐 아니라 사회적으로 소외받을 처지에 맞닥뜨리기 전에, 그 난국을 스스로 극복할 수 있는 임계점 돌파하기 공부가 절실하게 필요해졌다.

예를 들어《논어》와《사기》는 알지만, 그 내용을 제대로 읽어보고 자기 삶에 적용하지 못하는 사람을 우리는 지식대중이라 부른다. 그들은 작가의 사상이나 당시의 사회 현실에 대한 종합적 이해를 하는 자기 중심 공부를 하는 것이 아니라, 해당 분야 전문가가 일반 지식대중이 이해하기 쉽게 풀어놓은 것들을 읽고서 그런 공부가 자신의 삶에 변화를 줄 것이라는 근거 없는 희망을 걸고 살아가고 있는지도 모른다. 다시 말해 어쩌면 지식대중의 삶은 새로운 지식산업의 엘리트들이 던져주는 변형된 지식의 찌꺼기들을 소비하면서 공부하고 있다고 착각하는 사람들일 수도 있다. 때론 고통스럽겠지만, 우리는 지식대중으로 내몰리지 않기 위해 자신이 원하는 임계점 돌파하기 공부의 목표를 재설정해야만 한다. 더 미룰 것도 없이, 바로 지금이 그 일을 해야 하는 시기다.

"삶의 목표는 것(thing)이 아니라 함(doing)이다"라는 교육철학자

존 듀이의 말을 생각해보자. 그동안 우리 공부의 목표는 행함(doing)이 아니라 사회적 현상을 흉내 내는 것(thing)에 지나치게 초점이 맞춰져 있었다. 그것이 문제였다.

성공을 위한 공부, 결과를 위한 공부는 행함이 동반된 공부의 즐거움을 이해하기 힘들게 한다. 과정 자체를 즐기지 못하는 성과와 쓰임만을 위한 공부, 외부를 향한 욕망만이 담긴 수단적 공부는 공부 자체에 대한 흥미를 뺏어가 버렸는지도 모른다. 지(知, thing)만 있고 식(識, doing)이 없는 잘못된 공부 때문이다. 지가 아무리 풍부해도 식이 따라가지 못한다면 죽은 공부나 마찬가지다. 지식대중으로 편입되지 않으려면 마땅히 자기 중심의 지와 식이 결합된 공부를 해야만 한다.

앞으로의 공부는 다른 사람에게 보여주기 위한 공부가 아니라 임계점 돌파를 통해 자기 삶을 주체적으로 살아갈 수 있게 하는, 전문성을 계속해서 유지할 수 있는 진정한 공부여야 한다. 율곡의 《자경문》에 나와 있는 공부 자세를 주체적이고 온고지신(溫故知新)의 마음가짐으로 우리 삶에 접목해야 하는 이유이기도 하다. 지금부터는 다른 사람에 대한 학습을 하는 위인지학(爲人之學)보다 자신의 삶을 위한 위기지학(爲己之學)을 우선시해야만 한다. 우리가 살아가는 시대의 요구가 바로 그러하다는 사실을 다시 한 번 명심하자.

공부는 생존만이 아니라 실존에도 필요하다

공부를 해야겠다는 결심이 섰는가? 그렇지만 막상 시작하려 해도 쉽진 않을 것이다. 당장 무엇을 공부할지, 어떻게 해야 할지, 시간은 어떻게 확보할 것인지가 문제로 다가온다. 이는 어른의 공부가 학창 시절의 공부와는 전혀 다르다는 점에서 비롯된다. 학생 시절의 공부는 시험을 치르면 즉각적인 반응이 나오는 단거리 경주와 같다.

하지만 어른의 공부는 승진이나 자격증 공부가 아닌 한 수준 측정을 요하지 않을뿐더러 관심도에 따라 공부할 범위나 분야도 전혀 다른 마라톤 경기와 같다. 그러므로 공부의 필요성을 인지하면서도 쉽게 잊고, 쉽게 포기할 수 있다는 점을 항상 유념해야 한다. 지속적이고 자율적 실천이 없는 공부는 사람을 오히려 지치게 할 수 있다. 작심삼일을 반복하는 이유이기도 하다.

'무엇을 공부할 것인가?'를 결정하고 실천하기 위해서는 '왜 공부하는가'에 대한 답을 먼저 찾아야 한다. '왜'라는 이유가 명확해지면 하나의 분야를 선택해서 집중적으로 시작할 수 있고 확실한 동기 부여가 된다. 그래야만 공부를 더 즐겁게, 더 근사하게, 덜 긴장하고 효과적으로 할 수 있는 힘이 생긴다.

무엇을 공부할 것인가에 답을 찾을 때는 당신이 궁극적으로 살고 싶은 인생의 가치와 철학이 담기면 좋겠다. 가치와 철학이 담긴 공부란 곧 자신의 삶을 사랑하고 그동안 의무나 책임으로 외면했던 것들을 새롭게 살려내는 것이기도 하다.

———— 투 트랙으로 달려라

임계점을 돌파하여 전문가의 역량으로 오래가는 지적 자산을 확보하기 위해 투 트랙 공부를 제안하고자 한다. 앞서 잠깐 언급했듯이 하나는 생존형 공부이고, 다른 하나는 실존형 공부다.

첫 번째 트랙인 생존형 공부란 '어떻게 스스로 생존을 책임질 것인가?'란 질문에 답을 찾아가는 실용형 공부라 할 수 있다. 좋은 대학에 가기 위한 공부, 취직을 위한 공부, 직장에서 승진에 필요한 역량을 높이기 위한 공부, 새로운 일자리를 찾기 위한 자격증 공부 등이

이에 속한다. 두 번째 트랙인 실존형 공부는 '당신이 진정 원하는 삶은 무엇인가?'란 질문에 답을 찾아가는 공부라 할 수 있다. 당신 삶의 의미를 찾아가는 가치 추구형 공부이자 당신만의 독특함을 찾아가는 위대한 진짜 공부라 해도 좋겠다.

생존형 공부가 가까운 사람이나 세상의 요구에 따르는 의무나 책임을 감당하는 타율적 공부라면, 실존형 공부는 자신이 진정으로 원하는 삶을 개척해가는 자율적 공부라고 할 수 있다. 생존형 공부가 졸업장이나 스펙에 의해 우열이 가려진다면, 실존형 공부는 지속적인 도전을 통해 당신만의 유일한 가치를 찾아 삶을 빛나게 하는 역할을 하는 공부라 할 수 있다.

생존형 공부가 정해진 범위 내에서 우열을 결정하는 게임이라면, 실존형 공부는 당신의 경험과 공부가 결합하여 새로운 자기를 만들어가는 게임 같은 것이다. 생존형 공부가 억압과 경쟁으로 스트레스를 주는 단거리 경주라면, 실존형 공부는 당신이 원하는 대로 즐겁게 실천할 수 있는 여행과 같은 것이다.

생존형 공부가 효용가치로만 평가된다면, 실존형 공부는 과정 자체만으로도 충분한 가치를 지닌다. 생존형 공부가 생존 해결의 목표에 충실하다면, 실존형 공부는 생존을 넘어 삶의 의미를 재발견하는 것이라 할 수 있다. 만일 직장생활 기간 동안 열심히 공부했음에도 퇴직 시점에 뭘 해야 할지 잘 모른다면, 실존형 공부가 생략된 공부만을 해온 결과로 볼 수 있다.

학교 공부가 사회생활을 하는 데 큰 도움이 되지 않는 경향이 있는 것과 마찬가지로 직장생활만을 잘하기 위한 공부는 퇴직 후의 삶에 그다지 도움이 되지 않는 경우가 흔하다. 따라서 임계점을 돌파해서 전문성을 오래도록 유지하기 위해서는 조직이나 사회가 요구하는 생존형 공부뿐만 아니라 내면이 진정으로 원하는 자기 중심의 실존형 공부를 해야 한다. 이를 위해 투 트랙 방식을 활용하는 것이 효과적이다.

안타깝게도 지금 우리 교육 여건으로 봤을 때 실존형 공부는 어른이 되어서 비로소 시작되는 경우가 많다. 그것마저도 제대로 하고 있는 어른이 많지 않다는 점이 퇴직 후 빈곤의 절벽에 빠지는 원인이 되기도 한다. 어릴 때부터 투 트랙 방식으로 공부할 수 있다면 그 사람은 남들보다 일찍 자신이 원하는 인생의 길에 들어설 수 있을 것이다. 어른이 된 후 되도록 빨리 투 트랙 방식으로 임계점 돌파하기 공부를 지속할 수 있다면 제2, 제3, 제4의 인생을 얼마든지 개척할 수 있을 것이다. 우리 회사에서 '애플인문학당'을 만든 이유가 여기에 있다.

지금껏 해온 생존형 공부로 당신이 그토록 원하던 인생 목표에 닿을 수 없었다면, 새롭게 시작되는 공부에는 이전과는 다른 목적이 포함되어야 할 것이다. 지금껏 부와 명예, 출세와 성공을 위한 공부에만 충실했다면 이제는 당신 삶의 질을 높이기 위한 실존형 공부를 병행할 수 있는 전략도 필요하다. 쓰임에 목표를 둔 자격증이나 학위를 따는 것만으로는 평생고용이 종말을 고하는 이 시대에 현명하게 대응할 수 없다.

성과 위주의 공부만을 계속할수록 당신은 '쓰임'의 대상으로 내몰리고, 용도가 다하면 버려질지도 모른다. 미래는 점차 전문직이 없어지는 사회로 나아간다. 따라서 시대가 필요로 하는 앎에 대한 요구를 끊임없이 채워가야 한다. 세상의 자극을 있는 그대로 흡수하고 유행만 좇다 보면 정작 당신이 원하는 것을 제대로 한번 해보지도 못하고 인생을 마칠지도 모른다. 역량 면에서는 최소한 한 분야에서만큼은 '끝내주게 한다'라는 평가를 받을 수 있고, 인격 면에서는 누구와도 바꿀 수 없는 가치 있는 사람으로 대접받을 자격이 당신에겐 있다.

당신의 공부가 생존과 실존이라는 두 가지 분야에서 남들과 '차이'를 만들어낼 수 있으면 좋겠다. 이를 위해 일을 잘하기 위한 생존형 공부뿐만 아니라 당신만의 인간적 향기를 빛나게 할 수 있는 실존형 공부도 함께 시작하자. 그 비율이 70:30이 되면 좋겠다. 이렇게 될 때 일에서의 만족과 삶에서의 만족이 균형을 잡을 수 있다. 투 트랙으로 균형 잡힌 임계점 돌파하기 공부를 10년 이상 꾸준히 할 수 있다면, 인생의 견고한 뼈대가 세워져서 평생을 조화롭게 살아갈 자양분을 얻게 될 것이다.

그 실마리는 당신이 지금껏 경험했던 일들에서 먼저 찾을 수 있다. 예술이든 공학이든 인문학이든 자신이 종사하는 분야에 전문가가 된다면 다른 분야에서도 본질을 관통하는 역량을 얻을 수 있다. 현재 자신이 맡고 있는 일에서조차 전문가가 되지 못하면서 다른 분야를 지나치게 기웃거리는 것은 그다지 권장하고 싶지 않다.

———— 퇴직 후 40년을 어떤 모습으로 살 것인가

생존 중심의 실용형 공부에 지친 사람들은 지겨운 공부가 하루 빨리 끝나기를 기다릴 수도 있다. 그래서 경제적으로 먹고사는 문제가 해결되고 나면 편하게 쉬고 싶다는 말을 흔히들 한다. 여기서 쉰다는 것은 머리를 쓰지 않고 본능적인 욕구만으로 살아가고 싶다는 의미일 것이다. 강요받지 않고 자유롭게 마음 가는 대로 살고 싶다는 의미가 포함된 것이다.

하지만 퇴직 후 40년을 그렇게 살 수 있는 사람은 많지 않을 것이다. 등산이나 낚시 같은 취미생활만으로 40년을 보낼 수는 없지 않은가? 언제 퇴직할지 알 수 없는 직장인이라면 퇴직 이후에 어떤 분야를 개척해서 새로운 삶을 살아갈 것인가를 고려해야 한다. 외국어 공부, 자격증 취득을 위한 공부 혹은 대학원 진학, 취미만으로는 남은 인생을 잘 살아내기에 뭔가 부족해 보인다.

얼마 전 초등학교 중퇴 학력인 할머니가 일흔한 살에 영어 공부를 시작해 영어 달인에 오른 사연이 화제가 된 적이 있다. 주인공은 강영희 할머니로, 그분이 대단한 것은 초등학교를 졸업하지 못해 한글 맞춤법도 모른다는 점이었다. 강 할머니가 영어를 공부하게 된 이유는 "외국 영화를 볼 때면 자막을 제대로 읽지 못해 이해가 힘들어서"였다고 한다. 그래서 무작정 영어 공부를 시작했고, 귀동냥으로 영어를 배웠다 한다.

지금 우리 사회에서 벌어지고 있는 공부의 다양성을 보여주는 사례다. 지금 당면한 무엇을 공부할 것인가의 문제는 자기계발서에 나오는 특별히 성공한 사람들의 몇 가지 시스템만으로는 실마리를 찾기 쉽지 않다는 점이다. 과거에는 통용되었을지 몰라도 지금은 아니다. 다른 사람의 성공 패턴이 당신의 삶에 어떤 식으로 응용될 수 있는지, 그 힌트를 찾아낼 수 있는 공부가 되어야 한다. 그러자면 삶에 대한 자각이 수시로 필요할 것이다. 그럴 때 보여주기 위한 공부가 아니라 현실적으로 살아 숨 쉬는 자기 중심의 공부가 되어 위대한 삶으로 안내해줄 것이기 때문이다.

임계점 돌파하기 공부는 당장 하던 일을 그만두면 그다음 무엇을 할 것인가와 맞닿아 있다고 할 수 있다. 그런 점에서 지금 공부의 목적과 방향이 제대로 설정되지 않은 사람은, 현재의 일을 그만두는 순간 어떤 미래가 닥칠지 생각하기를 싫어하는 사람이라고 해도 크게 틀린 말이 아닐 것이다.

미래가 불안하니 가만히 있지는 못하고 무턱대고 공부를 하겠다는 사람이 많다. 그렇게 해서는 임계점을 돌파하기가 쉽지 않을 것이다. 무언가를 배울 때는 두 가지 방법이 있다. 하나는 시켜서 배우는 것이고, 또 하나는 스스로 배우는 것이다. 예컨대 학생의 공부는 대부분 부모나 학교 선생님들이 시켜서 배우는 것이다. 이에 비해 어른으로서 당신의 공부는 죽기 전에 꼭 해보고 싶었던, 삶을 위한 임계점 돌파하기 공부가 된다면 정말 좋겠다.

공부는
부메랑이다

어른의 공부가 순조롭지 않은 이유 중 하나는 자신에 대한 잘못된 이해에서 비롯된다. 그러므로 공부하기에 앞서 당신을 객관적으로 볼 수 있는 눈을 갖는 것이 무엇보다 중요하다. 자기성찰을 통한 객관화가 이뤄지면 무엇을 공부할 것인가에 더 효과적으로 집중할 수 있다.

공부를 권하는 대부분의 책에서는 다독을 해야 한다고 강조한다. 나는 이런 글을 읽을 때마다 불편하고 찜찜한 느낌을 경험하곤 한다. 왜냐면 모든 사람이 꼭 다독을 통해서 성장하는 것은 아니라고 생각하기 때문이다. 태어날 때부터 공부를 좋아하는 기질을 타고난 사람도 있고 그렇지 않은 사람도 있을 것이다. 또한 굳이 독서가 빈약하더라도 깊은 사유가 습관화된 사람도 있을 것이다. 어떤 사람에 겐 다독의 경험이, 어떤 사람에게는 적은 양의 책을 읽더라도 깊은 사유가, 어떤 사람에게는 다독과 깊은 사유가 결합되어 전문성을 가진다는 것이다.

따라서 모든 사람이 천편일률적인 방식을 따르기보다는 자신에게 적합한 방식을 적용하는 것이 전문성을 드러내기에 유리할 것이다. 기질에 따라 공부에 접근하는 방식을 다르게 하는 것이 오히려 더 합리적인 방법이자 적절할 방식일 수 있다는 얘기다.

《논어》계씨 편에는 다음과 같은 구절이 나온다.

生而知之者上也, 學而知之者次也, 困而學之又其次也.
困而不學 民斯爲下矣.
나면서 스스로 아는 자는 최상의 인간이요,
배워서 아는 자는 그다음의 인간이고,
막히면 애써 배우는 자는 그다음의 인간이다.
그러나 막히면서도 배우지 않는 자는 인간으로서 최하의 인간
이 된다.

여기서 '배워서 아는 사람'이 곧 배움 자체를 즐기는 기질을 타고난 사람일 것이다. 지금 하고 있는 일이나 직업, 지위 고하를 막론하고 늘 호기심을 가지고 끊임없이 공부하는 사람은 언제나 새로운 삶을

사는 사람이 될 수 있다. 공부를 좋아하는 기질의 사람이라면 이 방식이 어울릴 것이다. 이들에겐 세상 모든 것이 관심사가 되기에 책을 통해서 배우든 사람을 통해서 배우든 세상을 통해서 배우든, 배우는 과정 자체를 즐기기 때문이다.

이런 유형의 사람들은 생존형 공부뿐 아니라 인격을 높이고 좋은 삶을 살기 위한 실존형 공부도 동시에 즐기는 경향을 보여준다. 이들의 미래 삶에는 오랫동안 배운 것들이 어떤 식으로든 긍정적인 영향을 미친다. 책으로 공부하고자 한다면 인문학을 통해 광범위한 지식과 지혜의 세계를 탐험할 수 있다. 독서하는 방법만 제대로 배운다면 엄청나고 위대한 자신을 만나게 될 가능성이 높은 사람들이다. 임계점 돌파하기 공부의 끝을 누구도 알 수 없을 만큼 배우기를 좋아하는 유전자를 타고난 사람들이다. 배움 자체에 만족하지 말고 전문성이 세상에 드러날 수 있도록 브랜딩 작업까지 이어간다면 더욱 좋을 것이다.

다음으로 '막히면 애써서 배우는 자'는 필요에 의해서만 배우는 사람이라 할 수 있다. 입시 공부, 취직 공부, 자격증 공부 등 생존형 공부를 하는 데 능한 사람들이다. 목표 지향적 사고가 훈련된 사람이자 외부적 요인이나 경쟁을 위해 공부하는 유형이다. 끊임없이 변해가는 사회에서 이들은 자칫 잘못 판단했다가는 자신도 모르는 사이 궁지로 몰릴 수 있다.

이런 기질을 가진 사람은 책으로 공부할 경우 인문학과 같은 포괄적 공부보다는 지금 자신이 잘하고 있고, 앞으로도 잘할 수 있는 분야를 집중해서 파고드는 것이 훨씬 효과적인 공부가 될 것이다. 종합적으로 통찰하는 능력이 다소 부족하기에 섣불리 유행하는 공부를 따라 할 때 혼란만 가중되고 시간만 낭비할 공산이 크다.

이런 기질에 해당한다면 막히기 전에 자신이 지금껏 종사해온 일이나 잘할 수 있는 분야로 좁혀서 더 깊이 집중적으로 공부하는 것이 합리적인 방식일 것이다. 인문학과 같은 분야는 전문성을 가진 다음에 관심을 가지더라도 늦지 않을 것이다. 유행을 따르는 공부를 극히 주의해야 하고 선택과 집중에 의한 공부를 한다면 더 효과적인 공부가 되리라 여겨진다.

마지막으로 '막히면서도 배우지 않는 자'는 살면서 전혀 배움에 무관심한 유형의 사람들을 칭한다. 공부가 체질에 맞지 않는 사람일 수 있다. 머리 쓰는 것을 극도로 싫어하기에 육체적인 노동을 더 좋아하는 사람일지도 모른다. 또는 학교나 직장에서 억압적 공부를 했던 경험이 상처로 남아 공부 자체를 의도적으로 거부하는 사람일 수도 있다.

이들은 먹고살 수 있는 준비가 되어 있지 않다면 나이가 들수록 힘든 처지에 놓일 수 있다. 삶의 풍파가 싫다면 '나는 자연인이다' 같은 삶을 사는 것도 하나의 좋은 대안이 될 것이다. 지식사회에서 할 일이 갈수록 줄어들기에 1차 산업에 관심을 가지는 것도 현명한 선택일 것이다. 도시에 머물지 말고 농촌이나 어촌으로 갈수록 삶의 질이 높아질 수 있다. 하지만 거창하게 빚을 내 새로운 일을 시도하는 데는 극도로 신중해야 한다.

——————— 자기 중심의 공부가 필요한 시대

철학자 안병욱 교수는 인생의 3대 가치에 대해 "생즉학(生卽學), 생즉업(生卽業), 생즉애(生卽愛)"라는 말을 남겼다. 즉 '인생이란 평생 배우는 것이요, 평생 일하는 것이요, 평생 봉사하는 것이다'라는 뜻이다. '우리는 평생을 살면서 생존을 위해 일하고, 보다 나은 생존을 위해 공부하고, 더 나은 가치를 위해 공부하고, 공부한 가치를 다른 사람과 나누기 위해 공부하는 존재다'라는 의미로 해석할 수 있다.

따라서 임계점 돌파하기 공부가 삶의 습관이 되기 위해서는 가장 먼저 현재 맡고 있는 일을 잘하기 위해 몰입하고 집중하는 치열한 공부를 해야 할 것이다. 그래야만 다른 사람에게 쉽게 자리를 내주는 삶이 아닌 최고의 삶을 살 수 있을 것이기 때문이다. 현재 생존을 책임지는 일보다 더 중요한 것을 이 세상에서 찾기란 어렵다. 이상보다 더 중요한 것이 늘 현실과 현재가 되어야 하는 이유이기도 하다. 현실을 외면한 채 자기 분야의 전문가가 된 사람은 많지 않다. 평범함을 넘어 위대함으로 나아가려면 현재의 선택을 존중하고, 그곳에서 집중하고 몰입하는 사람이 되는 것이 현명한 방법이다.

그 외에 자투리 시간을 모아 죽는 그날까지 함께할 수 있는 자기 중심의 공부 영역을 큰 그림으로 설계하고, 마라톤에 임하는 자세로 임계점 돌파를 위해 한 걸음씩 나아가면 좋겠다. 이는 곧 자기를 알아가는 공부이자 실존을 찾는 공부다. 실존형 공부가 반드시 필요한 이유이기도 하다.

《공부하는 독종이 살아남는다》의 저자 이시형 박사는 이렇게 말했다. "공부는 부메랑이다. 그 효과는 반드시 돌아온다. 이 달콤한 투자에 딱 한 가지 필요한 것, 그것은 견디는 시간이다." 부메랑이 나타나기 위해서는 임계점을 돌파할 수 있는 피나는 노력의 시간이 필요하다는 말일 것이다.

고용사회가 붕괴되고 새롭게 다가올 문명의 시대에는 범용형 공부가 아니라 자기 중심의 임계점 돌파하기 공부를 통해 끊임없이 자기 가치를 만들어내는 사람만이 자기 운명을 바꿀 수 있다. 그것이 성공이고, 다가오는 불안을 앞서 물리치는 지혜로움이다.

임계점 돌파하기 공부가 어떻게 당신의 삶에 적용되느냐에 따라 당신은 지금껏 알지 못했던 또 다른 가능성과 미래를 만나게 될 것이다. 당신은 오래도록 사랑받고 존경받는 대상이 되기를 원하는가? 그렇다면 사회인으로서 반드시 계속해서 쓸모 있음과 괜찮은 사람이라는 두 가지 평가를 얻도록 목표를 삼으면 좋겠다.

그런 삶을 살고자 한다면 지금 당장 공부를 하자. 임계점을 돌파하는 장기적 공부를 선택하는 것이 당신이 불안해하는 부분을 채워주고 당신의 새로운 가치를 계속해서 만들어내게 하는 능력과 통찰력을 줄 것이다. 이는 곧 시대가 요구하는 상상력과 창의력을 가진 사람, 도전을 통해 새로운 세상을 만드는 사람으로서 역량을 높여줄 것이다.

내 삶을 바꿔준 한마디

살아가면서 뭘 선택하고 준비해야 할지 잘 알 수 없을 때, 다른 사람이 던진 한마디가 인생을 완전히 바꾸는 기회가 될 수 있다. 내겐 그랬다. 첫 직장에 입사해 신입사원 교육을 받던 중 강사가 던진 한마디가 내 인생을 평생 공부하는 인생으로 변모시킬 줄은, 당시에는 몰랐다. 어떤 과목이었는지는 기억나지 않지만 당시 강사의 말은 '급변하는 시대를 맞아 직장생활을 하는 동안 수입의 10퍼센트는 미래에 투자해야 한다'는 것이었다.

나를 포함한 110명의 동기가 모두 그 강의를 들었다. 그들은 그 이야기를 듣고 어떻게 느꼈는지 모르지만 나는 그 조언을 꼭 실천해야겠다고 다짐했다. 첫 월급을 받고부터 회사를 퇴사할 때까지 나는 수입의 10퍼센트 정도를 꼬박꼬박 책을 사는 데 썼다. 동기들이 재형저축을 들거나 주식투자, 부동산에 관심을 가질 때 난 책을 사서 읽는 것만으로도 만족스러웠다.

가난한 집안에서 태어나 겨우 대학을 다니던 시절, 책을 사서 읽는다는 것은 상상조차 할 수 없는 일이었다. 책을 읽을 때 감명 깊은 구절에 줄을 긋거나 표시하고 싶은 충동을 느꼈지만, 도서관에서 빌린 책이라 그럴 수 없었던 게 학창 시절 책을 멀리하게 했다. 그러던 내가 직접 돈을 벌어 책을 사서 읽는다는 사실은 재테크 통장에 이자가 불어나는 것보다 더 나를 황홀하게 했다. 독서 흔적이 남은 책들이 한 권, 두 권 늘어나 책꽂이를 채워갈 때마다 지적 콤플렉스가 치유되는 뿌듯함을 느꼈다.

직장 동료들은 늘 책을 옆구리에 끼고 다니는 내 모습을 의아하게 쳐다보곤 했다. 가끔 1,000페이지가 넘는 책들도 들고 다녔기 때문일 것이다. 대중교통을 이용한 출퇴근 시간에 손을 움직일 공간만 확보되면 무조건 책을 꺼내서 읽었다. 남이 보건 말건 신경 쓰지 않은 채 감명 깊은 구절을 보면 줄을 긋고, 아이디어가 떠오르면 메모를 하고, 사유할 거리가 생기면 책을 덮고 사색하는 시간을 갖곤 했다. 동기모임에서 다들 포커를 칠 때도 나는 눈총을 받으며 책을 읽곤 했다.

일요일이나 공휴일에도 소파에 앉거나 누워 아내의 핀잔을 들으며 책을 읽었다. 앨빈 토플러, 피터 드러커, 톰 피터스, 마이클 해머,

존 나이스비츠, 후쿠야마, 폴 케네디, 프로이트, 칼 구스타프 융, 스키너, 그리스 로마 신화, 키르케고르, 칸트, 쇼펜하우어, 니체, 루소, 마르쿠스 아우렐리우스, 노자, 장자, 크리슈나무르티, 톨스토이, 오쇼 라즈니쉬, 괴테, 릴케, 하이네, 헤르만 헤세, 소로우, 롱펠로, 보들레르, 이성복, 고은, 김수영, 조정래, 김지하, 함석헌, 박노해, 유안진, 김초혜, 전혜린, 김홍신, 김주영, 한수산, 정채봉, 법정스님, 임어당, 노신, 황석영, 명심보감, 대학, 중용, 부모은중경, 삼국지, 수호지, 금병매, 육도삼략, 손자병법, 동의보감, 로마인 이야기, 람세스, 플루타크 영웅전, 이나미, 양창순, 김정일, 최창호, 이시형, 환단고기, 정주영, 이명박, 김우중, 이병철, 데일 카네기 자서전 등 분야를 가릴 것 없이 닥치는 대로 읽고 또 읽었다.

그러는 동안 나는 두 권의 시집을 낸 직장인이 되었고, 주체할 수 없는 에너지를 회사 경영제안에 쏟아 3,000명의 임직원 중 제안 1등을 하는 행운도 누렸다. 하지만 성격상 나는 직장생활과 잘 맞지 않는 사람이었다. 직장에서 성공하는 사람들의 특징은 경쟁을 즐기고, 스트레스 내성이 강하고, 환경 변화에 빨리 적응하고, 대인관계에서 유연하며, 목표에 대한 집념이 강한 사람들이다. 나는 스트레스에도 약하거니와 다른 사람과 경쟁하는 것도 즐기지 못했다.

가장 견디기 힘든 것은 내 역량과 상관없이 다른 사람의 잘못이 내게 전가되는 것이었다. 그래서 6년이 지난 어느 날 아무에게도 말하지 않고 그렇게 직장을 그만두었다. 지금 생각해보아도 그 선택은 참으로 잘한 것이라고 여긴다. 내 인생이 늘 좌충우돌이었지만 무직자 시절에도, 중국 주재원 생활을 할 때도, 그 후 부침을 겪을 때도 공부만큼은 그만둔 적이 없다.

때론 조금 거만했고, 때론 평범했고, 때론 어리석었고, 때론 무모했던 내 30대를 오롯이 책과 함께 보내게 된 것은 신입사원 때 강사가 해준 조언이 결정적이었다. 아마 그 시절 독서습관이 없었다면 내 삶은 훨씬 더 외롭고 힘들었을 것이다. 그 시절엔 잘 몰랐다. 책과 함께한 지난한 시간이 미래에 어떤 역할을 하게 될지를 말이다.

그렇게 24년의 시간이 흘렀다. 나는 강사가 되었고, 작가가 되었다. 지금 담당하고 있는 강의 과목 대부분은 계획하고 준비한 것이기보다는 임계점 돌파하기 공부와 연관된 것들이다. 비록 작가수업을 받지 못했고, 강사가 되기 위해 도제수업을 받거나 유명한 프로그램을 이수하여 피나는 수련 기간을 거치진 못했지만 수입의 10퍼센트를 미래가치에 투자하는 선택을 한 덕분에 새로운 직업을 갖게 되었다.

현재까지는 그 일을 잘해내고 있고, 직업적인 소명의식을 가지고 살아가고 있다. 그 과정에서 공부를 좋아하는 벗들을 만나 지속적인 교류를 하면서 또 다른 나를 만나기 위한 작업들을 계속해가고 있다. 1만 시간의 법칙을 들추지 않더라도 한 가지 좋아하는 일을 취미로 삼아 집요하게 파고들어 임계점을 넘으면 어떤 방식으로든 결과를 낳는다.

공부하는 삶의 장점은 공부하는 환경에서 벗어날 수가 없다는 점이다. 한 달에 2~3회 독서포럼에 참가하기 위해서는 책과 함께할 수밖에 없으며, 누군가에게 질문을 받을 때 제대로 답해주기 위해서는 사유의 폭을 깊이 할 수밖에 없다. 직업적으로 만난 작가나 강사와의 교류 역시 나로 하여금 오늘보다 성장한 내일을 꿈꾸게 한다.

몇 년간 공부를 계속한 분야에 대해서는 어떤 방식으로든 매듭을 지어야 하기에 그것이 책으로 쓰이거나 프로그램 개발로 이어지게 되어 상승효과를 발휘한다. 누가 강요하지 않더라도 읽고 말하고 질문하고 글 쓰는 삶을 통해 나는 계단식 성장을 해왔다.

임계점 돌파하기 공부의 가장 큰 장점은 자기실존을 찾아가는 주체적인 삶에 더 가까이 다가설 수 있다는 점이다. 읽기가 저자의 깊은 사유를 배우는 과정이라면, 토론과 쓰기는 자기다운 삶을 구조화해서 실천하게 한다. 주어진 하루는 빛나는 시간이다. 하지만 주어진 시간이 모두에게 빛나는 기억이 되지는 않을 것이다. 당연하게 여기는 일들이 너무 많기 때문이다.

대개 그 당연한 일이란 습관적으로 주입되고 의심 없이 받아들인, 즉 전범화(典範化)된 것들이다. 전범화된 것들에 충실함으로써 인간은 동물들과 구별되는 사람다운 삶을 살아갈 수 있다. 하지만 '사람답게'라는 전범 속에는 신음하는 억압된 영혼이 있을 수 있다. 억압된 영혼은 가끔 불쑥 튀어나와 주체적 삶을 위한 욕망으로 작용한다.

그 욕망은 '사람답게'라는 종의 분류에 무난하게 존재하는 당신보다는 '당신 이름으로 인식되는 독특하고 고유한 삶'을 살고 싶도록 죽는 그날까지 당신 곁에서 떠나지 않는다. 군중 속에 포함된 보통명사가 아니라 당신만의 주체적인 고유명사로서 존재하고 대접받고 싶어 한다는 의미일 것이다. 당신의 욕망은 군중과 구별되는 가장 강력한 실존의 이유가 된다.

하지만 많은 이들이 고유명사로 존재하고 싶다는 욕망을 내버려두거나 억압한 채 하루를 보내버린다. 우리 삶은 사람답게, 직장인답게, 부모답게, 자식답게, 모임 회원답게, 교양인답게, 지성인답게, 지식인답게, 배운 사람답게, 중산층답게, 문화인답게, 예술가답게 살아가야 하는 사회적 전범 역할에 충실한 인간형이 될 것을 요구받는다. 하지만 전범 역할에 충실한 삶이 될수록 시간의 경과에 따라 평범한 인생, 보통명사로 취급받는 인생, 후회하는 삶을 살게 될 가능성이 훨씬 더 높아지는데, 이 역시 인생의 역설이다. '답게' 살기를 원할수록 우리는 더 많은 시간을 더 많은 돈을 벌기 위해 투자하게 된다.

전범화가 삶의 기준이 되면 자기도 모르는 새에 '다른 사람도 그렇게 살잖아', '인생 뭐 별것 있어?', '평범한 것이 가장 행복한 것이다'란 말과 아주 친한 사이가 되어버릴 수 있다. 그것이 습관화되면 남들이 말하는 인생에 대한 총평을 비판 없이 받아들이며 무난한 하루를 사는 것을 지혜로운 방식으로 이해하는 자신을 발견할지도 모른다. 하지만 그 속에서 당신의 억압된 내면의 그림자는 혼자 흐느낄 수도 있다.

억압된 그림자를 오래 방치할수록 좌절감이 쌓이고 마침내 울화병이 되기도 한다. 그뿐 아니라 '답게'에 충실한 삶이 될수록 위기는 심화될지도 모른다. '답게'는 '쓰임과 효용'으로 그 가치를 드러내다가, '쓰임과 효용'이 사라지면 그동안 당연하게 누려왔던 것들을 순식간에 빼앗아가 버린다.

예를 들어 돈을 벌어주던 가장이 실직하는 순간 가족과 친구, 주변 지인의 눈빛에 당혹감이 담기고, 승진에 몇 번 누락된 선배가 후배들에게 계륵 같은 존재가 되는 것처럼 말이다. '답게'만을 외치며 사는 인생은 시간이 지날수록 소수에게만 월계관을 씌워줄 뿐이다. 때가 되면 세상은 전범에 충실한 대부분을 무대에서 강제로 퇴장시켜 버린다.

삶의 전부라고 여겼던 '답게'라는 칭호가 상대가 필요로 해서 주어지는 한시적 거래였다는 사실을 깨닫고 나면 당황하게 된다. 누구에게나 하루의 빛나는 시간 속에 '답게'뿐만 아니라 '자신으로서' 고유하고 주체적인 삶을 살고자 하는 욕망을 추구할 권리가 있다. 그 시간을 확보하는 것은 곧 타자와 세상과의 관계에서 고립을 피하며 주체적인 삶을 살기 위해 준비하는 시간이다. 10퍼센트 자원을 '답게' 가 아니라 '자신으로서' 살아가는 선택에 써야 하는 이유이기도 하다. 내겐 그 10퍼센트가 독서를 통한 공부였다.

당신은 지금 당신에게 주어진 '답게' 외에 '자신으로서' 살 수 있는 시간을 위하여 10퍼센트의 자원과 에너지를 어디에 투자하고 있는가? 그것이 곧 빛나는 당신의 미래를 만들어줄 화수분일 수 있다. 책과 함께하는 공부가 아니라도 상관없다. 그것이 예술이어도 좋고, 기술이어도 좋고, 음식이어도 좋다.

일이관지(一以貫之)라는 말이 있다. 《논어》 위령공 편에 나오는 이 말은 하나의 이치로써 모든 것을 꿰뚫는다는 뜻이다. 즉 어떤 일이건 집요하게 몰입해서 임계점을 돌파하게 되면 한 분야가 아니라 다른 분야에서도 본질을 꿰뚫어 볼 수 있는 능력이 생긴다는 것이다.

언젠가는, 원하지 않음에도, 누군가 당신을 무대에서 떠나라고 말할 것이다. 그때 미련 없이 떠날 수 있는 뭔가가 있어야 한다. 세상과 다른 사람을 원망할 필요도 없는 당신만의 히든 카드를 쥐고 있으면 좋겠다. 어떤 사람은 우연히 만나게 되는 기회를 자신다운 삶을 위한 변곡점으로 만들기도 하고, 어떤 사람은 스스로 선택하고 준비해서 변곡점을 만들어내기도 한다. 어떤 경우든 당신이 그 기회의 주인공이 되면 좋겠다.

덧붙이자면 '답게'가 스승을 통해 배울 수 있는 것이라면, '자신으로서'는 스스로 만들어내야 하는 것이다. 멀고도 먼 곳에 있는 임계점까지 내달려 스스로 돌파해내야 하는 집요한 과정이다.

디지털 노숙자가
되지 않을 권리

가을비가 내리는 오후의 한적함이 좋다. 도서관 가는 길에 떨어지는 낙엽을 음미한다. 무엇이 그렇게 바쁜지 쏜살같이 지나치는 사람들을 쳐다본다. 경적소리에 놀라 도로 건너편을 보니 차가 가까이 다가오는지, 곁에 사람이 지나가는지, 낙엽이 지는지도 모른 채 수많은 이들이 스마트폰을 들여다보며 지나가고 있다. 초등학생, 중고생, 대학생, 아저씨, 아주머니 등. 문득 생각이 스친다.

'무엇이 그들을 이토록 바쁘게 하는가?'

'왜 사람들은 스마트폰에 정신을 빼앗겨 주변 사물을 인식하지 못하는 것일까?'

속도 전쟁의 일상이다. 정보의 빠른 속도는 생각과 의사결정의 가속을 요구하고, 실행의 강박을 불러온다. 아무것도 하고 있지 않다는 데 불안감을 느끼는 사람들이 늘어가고 있다. 그렇게 해서는 가을날의 낙엽처럼 자기 의지와 상관없이 흩어지고 마는 삶이 될 수도 있다. 세상의 속도가 아니라 당신의 속도가 당신의 삶을 결정한다.

언제부터인가 성찰할 여유가 없는, 계절의 변화에 무감각한, 3미터 밖의 사람들에 관심이 사라진 사람이 많아졌다. 정보의 속도를 좇다가는 생각의 속도가 빨라지고, 마음의 속도와 육체적 속도 역시 빨라지는 삶을 살게 될 수 있다. 속도의 소용돌이에 빨려드는 순간, 우리는 선택할 수 있는 능력을 잃고 선택당하는 디지털 노숙자가 될 수 있다. 그렇게 되면 여유시간을 주체적으로 사용하지 못하고 순간의 불안을 달래줄 도구에 몸을 맡긴 채, 생각하는 능력 자체를 잃어버릴지도 모른다. 목숨이 위급한지도 모른 채 도로를 가로지르며 터치에 바쁜 세상을 우리는 산다.

누구든 이 패턴에 길들면 하고 싶은 것을 좇아 하루를 보낼 뿐, 하지 않을 것을 선택할 권리가 있다는 것조차 잊고 살게 된다. 그게 바로 디지털 노예다. 오디세우스처럼 몸을 돛대에 묶거나 밀랍으로 귀를 막지 않는 한 대부분의 시간을 '하고 싶은 것'이라는 세이렌의 달콤한 목소리의 유혹에 빠져 소모해버릴지도 모른다. 그러는 사이 당신이 원하는 삶을 위해 가치 있게 채워야 할 시간은 타자의 욕망을 채우는 것으로 소비되어버릴 것이다. 그리하여 속도의 압박은 당신을 채울 수 없는 욕망의 노이로제 환자로 만들어버릴지도 모른다.

꼭 알아야 할 숨겨진 진실이 있다. 터치하는 기계문명을 만든 당사자인 스티브 잡스는 정말 필요하다고 느끼는 때를 제외하고는 어지간하면 스마트폰의 접속을 스스로 억제했다. 출장 때 컴퓨터를 빼놓고 가기도 했단다. 심지어 집에서 아이들에게 정해진 시간 외에는 스마트폰은 물론 인터넷 접속 자체를 불허했다고 한다.

우리는 한 방 먹었다. 그는 왜 세상 사람들에겐 디지털 노숙자가 되도록 유혹했으면서, 자신과 가족은 철저하게 디지털 귀족으로 머물도록 했을까? 빌 게이츠 역시 집에서 자녀들에게 인터넷 접속시간을 철저히 통제하고 있다고 한다. 이는 비즈니스를 위해 세상을 바꾸는 것과 개인이 가치 있는 삶을 선택하는 것과는 엄연히 다르다는 것을 분명히 보여주는 사례다.

속도 경쟁 시대에 디지털 노숙자가 되지 않기 위해서는 '하고 싶은 일'에 집중하는 것이 아니라 '하기 싫은 일을 하지 않는 권리'를 쟁취하는 데에도 신경을 써야 한다. 그래야만 세상의 욕망이 당신의 욕망을 제압하지 못할 것이기 때문이다. 그러려면 자신만의 속도대로 살아갈 능력을 갖춰야 한다.

만약 삶은 자유로운 것이고 인간은 뭐든지 원하는 것을 하면서 즐겁게 사는 것이라는 이야기를 의심 없이 선택의 기준으로 삼는다면, 우리는 '하고 싶은 일'을 좇아 대부분의 시간을 보내게 될지 모른다. '열심히 일한 당신 떠나라'라는 광고 문구를 보며 해외여행을 주기적으로 계획하는 당신을 보게 될지도 모른다는 말이다.

모든 게 허용된다는 소비 중심 사회를 우리는 살아간다. 하지만 정말 그런가? 그 말을 맹신할수록 욕망이 당신을 지치게 할지도 모른다. 따라서 하지 않을 일을 정하고 나면 당신은 '모든 것을 할 수 있다'는 소비를 부추기는 세상에서 조금은 벗어날 수 있다. 그렇게 되면 속도 경쟁에서 한 걸음 물러나 간이역의 풍경을 볼 수 있는 여유를 갖게 된다.

천천히 걸으며 두리번거릴 여유를 가질 때 당신은 오감을 통해 자연과 현상을 세밀하게 관찰할 수 있다. 오감을 통해 느끼는 감각이 당신을 차별화하고, 그 사유가 공부나 삶의 경험과 결합될 때 삶의 통찰로 이어진다. 역설적이게도 속도가 더할수록 오감으로 인식할 수 있는 감각은 퇴화하고, 당신의 차별성 또한 사라지게 된다.

자전거를 타고 달리면 인식 능력은 더 감퇴하고, 차를 몰고 달리면 목적지에 눈이 먼 채 간이역의 운치를 볼 권리를 박탈당할지도 모른다. 고속열차로 편리성을 얻게 된 우리는 편리성으로 인해 삶의 낭만과 여유를 잃어버린 디지털 노숙자가 되어가고 있다. 당신 자신이 그렇지는 않은지 주기적으로 자신의 하루 선택을 점검해야 한다.

정신적 속도가 육체적 속도에 제압당하면 삶은 엉망이 된다. 그래서 잃어버린 삶을 살려내는 의식적인 노력이 절실해졌다. 그래야만 시대적 속도가 아니라 당신만의 속도로 삶을 조율할 수 있게 된다.

정신적 속도를 조절하기 위해서는 정보의 속도를 조절할 수 있는 브레이크 장치가 필요하다.

마음만 먹으면 지금 당장 할 수 있는 간단한 것도 많다. 지금 접속하고 있는 SNS 활동(페이스북, 카카오톡, 밴드, 인스타그램, 트위터, 블로거 등)이 당신의 삶과 미래에 정말 가치 있는 일인가? 그 유혹은 당신에게 생각할 권리뿐만 아니라 더 좋은 선택을 할 가능성을 뺏어가는 세이렌의 목소리는 아닐까? 실시간으로 사유를 방해하는 급 상승 키워드는 당신에게 '하지 않을 것을 선택할 권리'를 갉아먹는 나쁜 생쥐일지도 모른다는 생각을 해본 적은 없는가?

하지 않을 권리를 선택하지 않고 하고 싶은 것만을 따라다니는 동안 우리는 다른 사람과 경쟁하지 않고 살아갈 수 있는 유일한 무기인 사유 능력을 잃어버린다. 자기 꼬리가 잘려나가는지도 모른 채 꼬리를 갉아먹고 있는 생쥐의 습성을 닮아가는 것일 수도 있다.

당신은 진정 자유로운 삶을 원하는가? 그렇다면 스마트폰과 라디오, TV 전원을 주기적으로 꺼보라. 그 선택만으로도 삶의 속도가 늦춰진다는 것을 확인할 수 있을 것이다. 불안해서 살 수 없다고? 그렇다면 당신이 읽고 싶은 종이책을 읽어도 좋다. 속도에 압박받지 말고, 그냥 마음이 가는 대로 읽으면 된다. 읽다가 멈추고 싶으면, 멈추고 생각에 잠겨라.

혼란스러움과 지겨움도 견디는 연습이 필요하다. 디지털 노숙자가 되지 않으려면 우리는 견뎌야 한다. 견디는 과정이 어쩌면 당신이 주체적 삶을 살기 위해 '순응과 복종'을 배우는 시간이 될 수 있다. '인간은 무엇이든 할 수 있다'란 말과 '당신과 나는 무엇이든 할 수 있다'는 말은 분명 다르다는 사실에 주목해보자.

'하지 않을 권리'를 쟁취하지 않는 한 임계점을 돌파하기 위해 공부할 수 있는 시간은 언제나 부족하다. '하고 싶은 것'을 좇아 피나게 노력하더라도 생계조차 해결하기가 언제나 버거울 수 있다.

지금 당신의 삶이 엉망이 되었는가? 그렇다면 멈춰서 사물을 관찰해보자. 크게 심호흡을 하고, 생각하는 능력을 회복시키자. 남들과 비슷하게 '하고 싶은 일'을 좇아 살아가는 행동부터 통제해보자. 달리지 않고 걸어야 우리가 가진 생각과 사유 능력을 키울 수 있다. 다른 생각을 하자. 삶을 엉망으로 만드는, 지치게 하는, 생각하지 못하게 하는 것들을 삶의 리스트에서 과감하게 제거해보자. 디지털 노숙자에서 벗어나는 유일한 길은 그곳에서 도망치는 것이다.

속도는 두 가지로 구별하는 게 좋겠다. 하나는 신체가 정신없이 돌아가는 속도. 이를 '외연적 속도'라고 하자. 다른 하나는 발명, 발견, 개발, 디자인과 같은 창의적 속도. 이를 '내포적 속도'라 하자.

– 진중권, 《호모 코레아니쿠스》

세상은 우리에게 내포적 속도를 요구하고 있다. 삶이 자유롭지 않은 것은 스펙이나 자격증이 부족해서가 아니라 다른 사람과 차별화되는 임계점을 돌파한 전문가적 영역이 없는 것이 원인일 수 있다. 학력이나 사회적 경력을 제외하고도 자신을 설명할 수 있는 전문 분야가 없어 문제가 된 것은 아닐까? 스펙 없이도 자신의 전문성을 드러낼 수 있는 사람이 이 시대가 진정으로 원하는 사람이자, 내포적 능력을 보여줄 수 있는 사람이란 사실에 주목하자.

노동생산성과 효율을 높이기 위한 속도가 시대적 요구라면, 당신 삶의 속도는 당신이 정말 하고 싶은 일을 하기 위한 준비 과정으로서 질적 속도에도 관심을 가져야 한다. 외연적 속도가 신체적 빠름을 맹신하여 정신없이 열심히 사는 것이라면, 내포적 속도는 당신 삶의 가치를 높이고 평범한 삶에서 위대한 삶으로 인생을 전환하는 것이다. 그러기 위해 속도에 대한 관점 전환이 절실하다.

지금 우리에게 필요한 것은 선진국 국민, 좋은 집, 보편적 문화생활, 남들보다 조금 나은 환경이 아니다. 집단에서 분리된 개인으로서 당신이 주제적 존엄성과 실존을 회복하는 일이다. 성공지상주의 사회를 살아가는 우리가 세상이 정해주는 보편적 성공을 따르기 위해 '하고 싶은 일'에 집중하는 것을 벗어나 '하지 않을 것을 선택'해서 자신만의 성공 기준을 따로 정해야 하는 이유가 여기에 있다.

삶에서 자기만의 성공 기준을 정하는 것은 선택의 폭을 좁혀줌과 동시에 에너지를 집중하게 해준다. 이것저것 다 바랄 때 우리는 하나도 얻을 수 없지만, 하나를 얻고자 할 때 그 하나에 전문성을 가짐으로써 존엄한 삶을 살 수 있다. 지나친 욕망을 통제하고 인생을 단순화할 때 일상에서 할 수 있는 의미 있는 일들이 많아진다. 의미 있는 일이 많아질 때 사람들은 행복을 느낀다. 그것이 하지 않을 일을 먼저 선택해야 하는 이유다.

지금 당신 삶의 속도는 어떠한가? 천천히 걸을 권리가 있음에도, 시대의 요구에 따르느라 이유도 모른 채 고속열차에 몸을 싣고 있지는 않은가? 디지털 세상이 몰고 온 속도 전쟁이 어쩌면 우리에게 '하지 않을 것을 선택할 권리'조차 박탈해버리고, 어떤 것도 선택할 수 없는 매트릭스의 세계로 안내한 것은 아닌지 생각해야 할 때다.

3장

배움의 목적과
방향을 정하라

"근원이 깨끗하고 맑으면 그 흐름도 깨끗하고 맑다.
근원이 흐리고 탁하면 그 흐름도 흐리고 탁하다.
모든 것은 근본을 바르게 해야 하는 것이다.
위가 바르면 아래는 저절로 바르게 되는 것이다."

· 순자 ·

내 가슴에 새긴
문장들

쿠엔틴 타란티노 감독의 〈킬 빌〉이란 영화를 보면 주인공이 사용한 '핫토리 한조의 명검'이 나온다. 고난을 겪게 될 때마다 난 핫토리 한조가 만든 명검의 탄생 과정을 떠올린다. 누구에게나 이상적으로 꿈꾸는 삶은 아름다울 수 있지만, 경험하는 현실의 삶은 고난과 역경을 극복하는 과정에 가깝다. 핫토리 한조의 명검은 그저 만들어지는 것이 아니라 수천 번 계속되는 담금질과 망치질을 거쳐 명품으로 탈바꿈한다.

이렇듯 우리 삶도 수없이 만나는 좌절이나 고통을 이겨냄으로써 자생력을 가진 강한 존재가 되는 것이다. 전문가가 되어 세상에서 그 가치를 오래도록 빛내게 될 것인지 그저 생존을 위해 몇 번의 쓰임으로 역량을 다할 것인지는 우리 자신이 고통을 이겨내는 방식과 깊은 관련이 있다.

임계점 돌파하기 공부를 한다는 것은 당신의 삶에서 고난을 이겨낼 수 있는 두레박 하나를 늘 손에 쥐고 있는 것과 같다. 당신이 글에서 건져낸 문장이 당신 삶의 철학이나 좌우명으로 연결되어 피와 살의 역할을 할 수 있을 때, 삶의 주도력은 강화된다. 그러면 덜 간섭받고 덜 통제당하는 하루를 살 수 있게 된다.

내겐 삶의 고비마다 역경을 극복하게 해준 가슴에 새긴 문장들이 있다. 나는 그 문장을 때로는 책에서 때로는 삶의 현장에서 두레박으로 건져 올렸다. 건져 올린 문장이나 경구들은 평범했던 나를 오뚝이처럼 다시 일으켜 세워주었으며, 좋아하고 잘하는 분야를 찾아 임계점을 돌파할 수 있도록 힘을 주었다.

어떤 때는 그것이 두보의 시에서 건진 권토중래(捲土重來)가 되기도 했고, 불교에서 건진 원융무애(圓融無碍)와 지난행이(知難行易) 또는 초심불망 마부작침(初心不忘 磨斧作針)이기도 했고, 맹자의 고자장(告子章)이기도 했고, 절차탁마 대기만성(切磋琢磨 大器晩成)이기도 했고, 조장(助長)이나 면장(面牆) 같은 것이기도 했다. 이런 문장들은 쓰러졌을 때 나를 다시 일으켜 세우는 응원가가 되었고, 당장 성과가 나지 않더라도 공부를 꾸준히 계속하도록 용기를 주었다. 그래서인지 내겐 '죽는 그날까지 한 사람의 인생이 바뀔지 어떨지 단정 짓지 말라'는 말이 요즘 가슴에 더 와 닿는다.

──── 조급함을 이겨낼 수 있게 해준 문장을 얻다

옛날 어느 마을에 성질 급한 농부가 살고 있었다. 늦봄이 되어 논에다 벼를 심기는 했는데, 그것이 자라나 벼 이삭이 달릴 때까지 기다려야 한다고 생각하니 한심하기 짝이 없었다.

"어느 세월에 이걸 다 키워 곡식을 수확한담. 모를 빨리 자라게만 하면 되는데…, 좋은 방법이 없을까?"

논둑에 서서 벼 포기를 하염없이 바라보며 농부는 골똘히 이런 궁리를 했다. 물론 벼는 그의 눈에도 보이지 않게 조금씩 자라고 있었건만, 그에게는 그것이 양에 차지 않았던 것이다.

어느 날, 그날도 논에 나가서 같은 궁리를 하던 농부는 마침내 참을 수가 없어서 바짓가랑이를 걷어붙이고 논으로 들어갔다. 그러고는 벼 포기를 하나하나 조금씩 뽑아 올렸다. 논에 있는 벼 포기를 모두 그렇게 해놓은 다음, 농부는 저녁에 집으로 돌아가서 의기양양하게 말했다.

"아, 오늘은 일하느라 피곤하긴 했지만 기분이 좋구나."

"아직 김을 맬 때도 아닌데, 논에 무슨 할 일이 있었단 말씀입니까?"

아들의 물음에 농부가 눈을 흘기며 말했다.

"이 녀석아, 할 일이 없다니. 이 아비가 모가 잘 자라도록 '조장' 했다."

그 말을 들은 가족들은 깜짝 놀랐다. 온 밤을 마음 졸이다가 날이 밝자마자 논으로 달려가 본 아들은 망연자실하고 말았다. 밤 사이에 벼들이 모두 시들어 축 처져 있었기 때문이다.

맹자가 사람의 성급함이나 억지 추구를 경계하는 뜻으로 비유한 이야기다. 나 역시 가끔은 빨리 성장하고 싶다는 욕망에 빠진다. 그때 가슴에 새긴 문장이 '조장(助長)'이었다.

임계점을 돌파하기 위한 공부 과정은 지루하고 권태롭다. 매일 공부를 해도 발전이 없다고 느낄 때 공부를 계속하는 것이 의미가 있을까 하는 생각이 들기도 한다. 왜 이리 머리가 나쁠까 자책도 하게 된다. 며칠씩 슬럼프에 빠지기도 한다. 그럴 때 조장의 고사처럼 조급증을 느껴 짧은 시간에 실력을 확 높여줄 공부 방법 같은 것을 찾게 된다.

하지만 공부라는 것은 그 사람만이 지닌 기질, 배경지식, 습득 속도, 상상력, 사유의 차이에 의해 전혀 다른 결과로 나타나는 분야다. 그래서 임계점을 돌파할 수 있는 절대시간과 끈기가 필요하다. 단기간의 성과에 연연하기보다 성장이 느껴지지 않더라도 묵묵히 견뎌내야 한다. 중국 대나무가 땅속에서 5년을 묵묵히 견뎌내듯이 말이다.

임계점 돌파를 위한 공부는 자격증을 따기 위한 공부가 아니다. 조급증을 가지는 순간 몰입하기 힘들고, 지속적인 공부를 할 수 있는 의욕조차 사라진다.

원융무애는 불교에서 쓰이는 말로 모든 존재의 근원적인 모습은 걸리고 편벽됨이 없이 가득하고 만족하며 완전히 일체가 되어 서로 융화하며 장애가 되지 않는다는 것을 나타낸다.

공부한 내용을 실천할 때 부조화로 고민하는 경우가 종종 있다. 책에서 배운 것들이 이론적으로는 옳은 것 같은데 현실에 접목하기가 어려운 것도 있고, 현실 접목이 무난하긴 하지만 한편으로 찜찜한 것들도 있다. 대가의 이론을 무턱대고 받아들이면 고루해질 뿐만 아니라 유연성을 잃고 개념이나 이론의 감옥에 갇히기도 한다. 공부한 것이 오히려 편을 가르고, 교만하게 만들기도 한다.

한편 가벼운 공부만을 하게 되면 실리에만 밝아 심오한 이치에 닿지 못한다. 오랜 시간 많은 공부를 하더라도 정신적으로 성장이 되지 않는다. 따라서 공부를 하는 사람이라면 현상과 이치 사이에서 조화로운 행동을 할 수 있는 지혜, 즉 혜안을 얻는 것을 목표로 삼아야 한다. 그래야만 공부가 공부 자체에 머물지 않고 행동이 행동 자체에 머물지 않으며, 공부의 과정이 조화로운 삶으로 연결되어 좋은 삶을 사는 데 도움이 되기 때문이다. 나는 이론과 실천 사이에서 치우침을 발견할 때 가슴에 새긴 원융무애란 문장을 통해 지혜로움을 얻는다.

───── 작은 성취에 교만하지 않는 문장을 얻다

초심불망 마부작침은 '초심을 잊지 않고, 도끼를 갈아 바늘을 만든다'는 뜻이다. 이 말에는 꾸준함으로 임계점을 돌파하여 한 분야의 전문가가 되라는 의미와 작은 성취에 도취되지 말라는 의미가 동시에 담겨 있다.

'정상에 오르는 순간이 가장 위험한 순간이다'라는 말이 있다. 경제학에서는 이를 '승자의 저주'라고 한다. 자신의 성공 방식에 젖어들면 교만해질 수 있다는 얘기다. 그 순간부터 성공을 지지하던 사람들의 마음은 싸늘히 돌아선다. 조금만 관심을 기울이면 다른 사람의 싸늘해진 파동을 느낄 수 있지만, 성취의 기쁨에 젖어 승자의 저주에 빠진 사람들은 그 파동을 외면한다. 그 때문에 조금 시간이 지나면 잊히거나 추락하게 되는 것이다.

나 또한 한때 강사로서 정상에 서본 적이 있었는데 시장이 사라지면서 마음의 고통을 많이 겪었다. 그때 가슴에 새긴 이 문장은 더 노력하라는 의미로 내게 위로가 되었다. 공부를 하다 보면, 주변 사람보다 조금 더 안다는 것에 도취될 수가 있다. 그게 다른 사람에게 상처가 될 수도 있다는 사실을 알게 되기까지 경험이 필요했다. 이 문장을 가슴에 새기는 것은 조금 알아 입구에 도달한 것에 도취되지 말고 사유의 깊은 광맥으로 나아가고자 경계하기 위함이다. 임계점을 넘어 전문가가 되었다 하더라도 거기서 멈추지 말고 대가로 나아갈 수 있도록 도전을 계속하라는, 용기와 경계를 동시에 주는 말이다.

'무식한 게 용감하다'는 말만큼 공부하는 사람에게 경계의 의미로 적절한 말도 없는 것 같다. 나 역시 보통 사람들보다 조금 더 깊게 공부한 것을 가지고, 다른 사람의 의견을 제대로 듣지 않고 확신하는 것을 경계하고자 함이다. 이런 공부는 다른 사람의 의견을 무시하거나 공감하기 어려운 궤변으로 또 다른 공부 피로를 낳을 수 있기 때문이다.

───── 아는 것은 어렵고 행동하기는 쉽다

지난행이, 즉 '아는 것은 어렵고 행동하기는 쉽다'는 손문의 말을 처음 들었을 때는 이해하기 어려웠다. 반대인 지이행난(知易行難), 즉 '행동하기는 쉽지만, 아는 것은 어렵다'는 말을 오랜 시간 듣고 자랐기 때문이다. 특히 자기계발서에서 '행동하지 않고 습관화가 되지 않아 인생의 변화가 없다'는 문장을 많이 읽고 그렇게 느끼고 있는 사람이라면 이 말이 참 역설적으로 들릴 것이다.

하지만 공부를 계속할수록 이 말의 의미를 더 깊이 깨닫게 된다. '머리로 이해한다는 것'과 '본질적으로 체득한다는 것'은 다르다는 의미이기 때문이다. 겉으로 드러난 뜻의 의미를 이해하고 수긍함이 아니라, 고민과 사색을 통해 진정한 자기 지식으로 만들기란 참으로 어렵다는 것을 설명하는 말이다. 백범 김구 선생도 이 말을 좋아했다고 한다. 머리로 이해되는 것이 가슴으로 연결되어 숙성의 과정을 거치고, 그것이 옳은 방향으로 경험 속에서 실천될 때 비로소 안다는 것은 '기름이 기름종이에 배어 있듯' 이미 온몸이 그 앎에 젖어 있어 쉽게 행동으로 연결된다는 뜻이기 때문이다.

생계형 공부뿐만 아니라 실존형 공부에 관심을 가질수록 '지난행이'의 의미가 더 실감된다. 본질이나 이치를 깨달아 행동한다는 것이 쉬운 일이 아님을 알기 때문이다. 성질이 급한 내게 참 자극이 되고 성찰을 하게 해주는 말이다. 학문을 위한 학문, 공부를 위한 공부가 아니라 앎과 행동이 결합되어 지혜로운 인생이 될 때 공부는 자기가 원하는 삶의 목표를 이루는 과정이 되어 기쁨도 커진다. '지난행이'의 정신을 체화할 수 있을 때, 비로소 참된 지혜의 문이 열리게 된다.

─────── 그릇을 키우면 뜻도 커진다

김용옥 교수의 책 제목으로 더 유명해진 '절차탁마 대기만성'이란 문장이 있다. 이 말은 《시경》 위풍오기 편에 있는 시로 학문과 덕을 쌓은 군자를 찬양하여 부른 데서 유래한다. "시에 이르기를 찬란한 군자여, 칼로 자른 듯하고, 줄로 깎는 듯하며, 끌로 쪼는 듯하고 숫돌로 간 듯하도다"라 했다. 여기에서 '자른 듯하고 깎는 듯하다'는 것은 학문을 가리키고, '쪼는 듯하고 간 듯하다'는 자기수양을 가리킨다.

절차탁마는 《논어》 학이 편에도 나온다. 절차탁마란 뼈나 상아, 옥돌로 물건을 만들 때 순서를 밟아 다듬고 또 다듬는다는 꾸준한 노력의 과정을 의미한다. 그리고 대기만성은 그렇게 해서 임계점을 돌파해서 완전무결한 물건으로 만들어내는 것을 말한다. 학문을 닦고(切磋) 수양을 쌓는(琢磨) 데도 이와 같은 과정을 거쳐야만 비로소 성공할 수 있고 대기만성할 수 있다는 의미다.

꾸준히 노력하되 선택하고 집중해서 순서 있게 하는 것이 절차탁마이며, 그러한 노력을 하는 자만이 평범함에서 시작해 임계점을 돌파해서 전문가가 되어 위대한 삶을 살 수 있는 것이 대기만성이라 여긴다. 나는 공부에 진전이 없을 때, 생계의 부침을 겪을 때 젊은 날 가슴에 새겨둔 이 문장을 되새기면서 다시 일어선다.

─────── 감옥에서 탈출할 수 있는 문장을 얻다

'알아야 면장(面牆)을 한다'는 말을 흔히 한다. 이때 '면장'은 담장(牆)에 얼굴(面)을 대고 선 것 같이 앞이 내다보이지 않는다는 뜻으로, 견문이 좁음을 이른다. '알아야 면장을 한다'는 말은 알아야 그 상태를면(免)한다. 즉 면면장(免面墻)한다는 데서 유래했다.

《논어》양화 편에 공자가 아들 리(鯉)에게 수신제가에 힘쓰길 강조하는 대목에서 이 말이 나온다. "너는 주남(周南), 소남(召南)의 시를 공부했느냐? 사람이 이것을 읽지 않으면 마치 담장을 마주 대하고 서 있는 것과 같아 더 나아가지 못하느니라."

따라서 '알아야 면장을 한다'는 의미는 부단히 배움에 힘써 좁은 관점을 넓혀 직관과 통찰력을 높일 것을 강조하는 말이다. 나는 생각이 단조로워질 때, 얼마 전에 했던 말을 되풀이하게 될 때, 고집으로 사람들과의 소통이 잘 되지 않을 때 이 문장을 되새긴다. 그럴 때 나는 조금씩 유연한 사람이 되어간다. 책과의 만남은 담벼락을 마주 대하고 있는 나를 탈출시켜 넓은 세상을 보게 하고 타인을 이해하게 한다.

방금 언급한 문장들은 내가 임계점 돌파하기 공부를 할 때 위로가 되고 채찍이 되었던 가슴에 새긴 문장들이다. 당신도 공부하는 과정에서 힘들 때가 있을 것이다. 그 길은 외롭고 고독한 길이다. 외롭다고 다른 사람에게 쉽게 기대서도 안 되고, 조장을 하려 갈급해도 안 된다. 때를 기다리면서 당신만의 방식을 만들어내야 한다.

타고난 소수는 그 길을 짧은 시간에 주파할 수 있을지 모르지만, 대부분의 평범한 사람들에게 그 길은 오랜 시간의 고민과 방황, 시행착오를 겪으며 지나가야 하는 영광의 상처 같은 것일 게다. 위대함에는 지루함과 무료함, 지난함, 실패의 시간이 포함되어 있음을 우리는 가끔 잊는다. 그때 책에서 건져낸 가슴에 새긴 문장은 당신을 늘 응원하는 친구가 될 수 있다.

나는 오늘도 가방을 메고 도서관으로 향한다. 돌아오는 길에 발전이 더디게 느껴질지라도 그저 세상이 돌아가는 모습과 주변을 거닐면서 느끼는 여러 가지 감정, 그 속에서 건져 올리는 사유의 흔적이라도 있다면 내 하루는 충분히 의미 있다고 여긴다.

삶의 파도를 만날 때마다 나는 또 다른 가능성을 시험받는다. 하지만 그것은 그릇을 키우는 과정이자, 삶의 나이테를 단단히 하는 과정이라고 이해한다면 고난조차 때로는 즐길 수 있다. 쓰러져도 일어서서 계속 나아갈 수 있다면 자신이 한 번도 꿈꾼 적이 없던 자기 안의 영웅을 만나는 위대한 여정을 계속할 수 있다. 그 선택만이 임계점 돌파하기 공부에 도전한 당신을 변화시킬 수 있는 유일한 자원이자 권리이고 자유다.

앎에서 그치지 말고 삶의 변화를 추구하라

"앎은 행동과 그 행동의 결과가 어떤 관련이 있는지에 대한 인식이다. 이러한 인식의 토대로 불필요한 시행착오를 줄이고 더 나은 행동을 이끄는 것이 바로 앎의 요체이다." 교육학자 존 듀이의 말로, 공부하는 사람들에게 큰 가르침을 준다.

공부의 목적이 앎의 추구를 넘어서야 하는 시대를 우리는 살고 있다. 이는 곧 배움의 과정에서 지혜를 얻어 삶의 변화가 일어나야 함을 의미한다. 지혜가 삶의 변화로 이어지기 위해서는 무엇보다 현상의 원리와 본질을 꿰뚫을 수 있는 직관과 통찰이 필요하다. 앎이 단지 타인의 사상을 그대로 답습하고 있다면 지식대중이 되거나 스펙이 괜찮은 사람은 될 수 있을지언정 원리와 본질을 깨쳐 통찰력을 발휘하는 전문가가 되기는 어렵다는 말이다.

세상 돌아가는 현상에 대해 좀더 많이 알게 된다고 해서 당신 삶의 불필요한 시행착오를 줄이고 더 나은 행동으로 이끌 수 있을까? 아닐 것이다. 본질을 꿰뚫어 볼 수 있는 직관과 통찰을 가지지 않는 한 현상을 많이 알면 알수록 오히려 머리가 복잡해진다. 현상을 잘 파악하기 위해 당신이 매일 뉴스를 체크하고, 일간지를 구독하고, 시대 흐름에 대한 책을 열심히 읽는다고 하자. 세상의 동향을 잘 아는 사람이 될 수는 있을 것이다. 하지만 앎(정보와 지식)이 늘어가는 만큼 당신은 또 다른 앎을 위해 더 바빠질지 모른다. 삶의 획기적인 변화는 없이 그저 시대가 이끄는 대로 말이다.

핵심은 효율과 단순함이다. 효율과 단순함은 현상보다는 원리와 본질을 찾기 위해 집중하고 몰입할 때 발견할 수 있는 것이다. 《에센셜리즘》의 작가 그렉 맥커운은 성공하기 위해선 '본질적인 소수'에 집중해야 한다고 조언한다. 에센셜리즘은 '더 적게, 하지만 더 좋게'라는 사고방식을 실천하는 삶을 의미한다. 그는 "삶의 지혜는 중요하지 않은 것을 버리는 데 있다"고 조언한다. '바쁨의 버블'을 없애는 것이다.

지식사회가 발전할수록 지식대중이 된 비(非)에센셜리스트가 많은데, 왜 그런지를 그에게 들어보자. "이유는 하나입니다. 모든 일을 억지로라도 일정에 끼워 넣어 해내면 다 해낼 수 있다는 생각 때문입니다. 그러나 이것은 절대 진실이 아닙니다. 이런 식의 삶을 지속하다 보면 첫 번째로 스트레스를 받고, 두 번째로 지치고, 세 번째로 원치 않는 일을 하게 됩니다. 이런 식으로 살다 보면 결국 생각할 시간을 가질 여유가 없고, 진정 무엇을 원하는지 궁리할 여지가 없습니다. 우리는 지난 50년간 이런 인생이 옳다고 믿어왔습니다. 사회가 계속 그렇게 말해왔기 때문입니다. 그러나 저는 이런 인생은 거짓이라고 생각합니다."

넘쳐날수록 몇 가지만을 선택하고 집중해야 함을 강조한 말이다. 또한 자조론과 자기계발론이 더는 만병통치약이 될 수 없음을 지적한 말이다. 그렉 맥커운의 말대로 스펙과 지식이 자본이 될 수 없는 시대에는 '척'하는 공부를 자기 삶에서 도려내야 한다. 임계점 돌파하기 공부를 통해 전문가의 역량을 발휘하기 위해서는 이제 공부도 버블, 거짓, 빈 껍질을 벗겨내고 자신이 선택한 한두 가지에 집요하게 몰입함으로써 속이 꽉 찬 호두알 같은 위대한 인생을 만드는 것이어야 한다.

그렇다. 현상을 일으키는 본질을 읽어내는 능력이 없는 한 얇은 당신의 삶에 크게 도움이 되지 않는다. 모두가 공부를 열심히 하는 시대에는 고용사회를 대비하는 공부만으로는 지적 자산의 역할을 할 수가 없다. 따라서 현상을 일으키는 본질을 간파할 수 있는 직관과 통찰을 기를 수 있는 공부 방법을 스스로 찾아야 한다. 똑같은 방향을 보고 함께 달려보아야 평범한 사람이 할 수 있는 일은 거의 없다는 사실을, 당신은 아프지만 받아들여야 한다. '원리와 본질에 집중하자'는 말의 중요성이 이것이다. 공부하는 사람이라면 누구든 에센셜리즘의 삶을 살기 위해서는 지속적인 임계점 돌파하기 연습이 필요하다.

──── 대가로 도약하는 다섯 단계의 공부 방법

《중용》에는 임계점을 돌파하여 전문가나 대가로 도약하는 다섯 단계의 공부 방법이 나온다. 다산 정약용 선생은 이 방법을 실천하여 평생 500권의 책을 집필할 수 있었다. 당신도 지적 자본을 높이는 데 활용했으면 좋겠다.

1단계 | 박학(博學): 많이 읽고 널리 배워라

누구든 배우지 않고서는 성장하기 어렵다. 각급 학교와 평생교육원, 문화센터에 많은 사람이 몰리는 것도 이런 이유일 것이다. 인간으로 산다는 것은 관계 속에서 자신의 생각과 사유를 공유하고, 설득하고, 표현하고 산다는 것이다.

그러기 위해서는 먼저 상징을 배워야 한다. 말과 글 그리고 외국어를 배우는 이유도 이와 관련된다. 말과 글, 개념이라는 상징을 배우지 않으면 많은 이들과의 대화 자체가 불가능하고 설득할 수도 없으며, 더 나은 가치를 나눌 수도 없다. 먹고사는 문제뿐 아니라 삶의 의미와 가치에 대한 대화로 발전하기 위해서는 다양한 분야의 지식이 필요하다.

책은 다양한 분야의 지식을 넓히는 데 가장 적절한 도구다. 따라서 임계점을 돌파하는 공부를 실천하기 위해서는 다양한 분야의 책을 기본적으로 읽는 것이 1단계다. 공부하지 않고서 평범한 사람이 위대한 성취를 이룬 경우는 거의 없다. 성장을 꿈꾼다면 배워야 한다.

2단계 | 심문(審問): 의심나는 것을 일일이 따져 물어라

배움이 깊어질수록 호기심과 질문이 늘어나는 것은 당연하다. 아이를 키워보면 바로 느낄 수 있다. 말을 배우는 아이는 자신이 접하는 모든 대상에 궁금증을 느낀다. 그래서 시도 때도 없이 질문한다. 이는 곧 인간이 사물에 부여한 개념을 습득하는 과정이다.

부모나 어른들은 아이가 묻는 말에 처음엔 신기해하면서 대답을 잘해준다. 하지만 아이들이 여덟 살이 채 되지도 않아, 질문하는 아이보다는 사회가 정해둔 나이에 맞게 행동하는 아이를 더 칭찬한다. 그래서 어릴 때 천재적 특성을 보이던 아이도 학년이 올라갈수록, 어른이 될수록 질문을 잃어버리고 시키는 일을 잘하는 평범한 사람으로 변해버린다.

우리 사회에서 질문하는 사람이 드문 이유가 이 때문이다. 우리 문화는 침묵하는 것을 상대에 대한 예의라고 생각하는 경향이 있다. 그래서 자신이 뭘 아는지 또는 뭘 모르는지도 잘 알지 못하는 습관이 몸에 배게 된다. 게다가 어릴 때 질문을 해서 받은 상처가 가슴에 종기처럼 붙어 있는 것도 원인이 된다. 그러니 공부를 많이 하더라도 자기 생각을 드러내는 데 익숙하기보다는 다른 사람의 생각이 자기 행동의 기준이 되는 경우가 많다.

잃어버린 질문 능력을 되살려야 한다. 질문을 자주 해서 자신이 뭘 알고 뭘 모르는지를 파악해야 객관적인 자기를 알 수 있다. 객관적인 자기를 볼 수 있을 때 건강한 성장이 이뤄진다. 아는 척하는 것을 버려야 한다. 그래야만 임계점 돌파하기 공부가 노력한 만큼 제자리를 잡아간다.

이제부터 질문을 많이 하자. 질문의 내용이 공부의 질을 결정한다. 질문의 질이 곧 아마추어와 프로페셔널의 능력을 가르는 분기점이다.

3단계 | 신사(愼思): 신중하게 생각하라

질문은 권장할 만한 것이긴 하지만 질문을 많이 한다고 꼭 임계점 돌파가 빠른 것은 아니다. 어설픈 질문은 당신과 상대방을 혼란에 빠뜨릴 수 있다. 특히 뻔한 질문과 의미 없는 질문은 시간 낭비만 불러온다. 당신이 신사의 단계에 이르렀다는 것은 성장했다는 증거다. 머릿속에서 떠오르는 생각들이 사유가 깊어질수록(신중하게 생각할수록) 더 깊은 질문으로 나아가기 때문이다.

이때 어떤 스승에게 배우는지가 계단식 성장을 하는 데 대단히 중요한 역할을 한다. 앞서 설명한 심문 단계에서는 수준이 비슷한 사람들과도 폭넓은 대화가 가능하다. 하지만 폭넓은 대화를 한다고 직관과 통찰 능력이 생기지는 않는다. 지적 수준이 비슷한 사람과는 오랜 시간을 함께하더라도 위로는 될지언정 지혜로운 성장은 어렵다.

지혜로운 성장이 되지 않을 땐 당신의 삶에서 불필요한 시행착오를 줄이기가 어렵다. 신사의 장점은 다른 사람과 세상이 던져주는 불필요한 논쟁이나 지나친 욕망을 자제할 수 있다는 것이다. 그러면 타인과 세상의 요구에 의해 사용하던 시간을 당신을 위한 시간으로 전환시킬 수 있다. 즉 임계점 돌파를 위해 집중할 시간이 많아진다.

신중하게 생각하는 시간이 많아지면, 당신은 평소 당연하게 생각했던 단어나 개념들에 대해서 자기개념을 만들기 위해 고민할 수 있게 된다. 자기개념을 가질 때 당신은 더 주체적인 삶으로 나아갈 수 있을 뿐만 아니라 전문성을 세상에 드러낼 수 있다.

세상의 소란에서 한 걸음 물러나서 생각할 수 있게 되고, 다른 사람들의 이야기를 객관적으로 분별할 수 있는 감각이 늘어간다. 당신이 신사의 능력을 갖추면 사람들로부터 꽤 근사한 말을 자주 한다는 평가를 받게 될 것이다. 다른 사람들이 당신을 다르게 대접할 것이다. 이것이 바로 임계점을 돌파하고 있다는 증거다.

4단계 | 명변(明辨): 명백하게 분별하라

무엇을 명백하게 분별하는가? 경험하는 것들에 대해 자명(自明)함과 찜찜함을 가려내는 것이다. 당신의 눈앞에 펼쳐지는 많은 것은 찜찜함을 포함하고 있다. 예를 들어 머리로는 이해가 되는데, 가슴으로 이해가 되지 않는 것들은 찜찜하다는 증거다.

찜찜함에는 두 가지 경향이 있다. 하나는 내가 아직 잘 몰라서 이해할 수 없을 때 찜찜함을 느낀다. 철학책을 읽거나 심오한 정신세계에 대한 책을 읽을 때 자주 느끼는 좌절감 같은 것이다. 첫 번째 찜찜함을 극복하기 위해서는 지속적으로 자기 한계를 돌파해서 원리와 본질을 파악할 수 있는 공부의 절대시간이 필요하다.

또 하나는 상대가 나를 속이려고 들 때 느끼는 찜찜함이다. 아닌 것 같은데 상대는 자꾸 강요할 때 그렇다. 종교가 없는 사람에게 광신론자가 자기가 믿고자 하는 종교적 교리만을 내세워 믿음을 강요할 때 느끼는 찜찜함 같은 것이다. 또는 전문가의 탈을 쓰고 자기 이익을 위해 감언이설로 속이려 할 때 느끼는 감정 같은 것이다. 이럴때 당신은 좀더 자명한 것이 없을까 하고 고민하게 된다.

삶에서는 늘 불투명하고 검증되지 않은 것들이 우리를 유혹하는 법이다. 자기 삶의 원칙이 없을 때 우리는 돈을 벌어야 행복하다는 논리에 쉽게 동의한 채 오랜 시간을 돈 버는 일에 온 힘을 기울이게 된다. 성공에 대한 자신의 기준도 없이 사회적인 성공 논리에 빠져 소중한 자기 삶을 희생시키기도 한다. 학벌이 있어야 잘 살 수 있다는 논리에 의심 없이 동의함으로써 효용이 적은 공부를 하느라 기회를 몽땅 날린 후에야 후회하기도 한다.

그렇다면 명변을 통해 얻을 수 있는 것은 무엇일까?

첫째, 목적과 수단을 조화롭게 한다.

목표를 가지면 무조건 좋다는 공감대가 있다. 하지만 그 목표를 추구할 때 수단만을 좇아서 살게 되면 목적을 잃어버린다. 돈을 벌면 행복할 것이라는 목표로 죽도록 노력해서 부자가 되었음에도, 자신이 원했던 행복을 얻지 못하는 사람들이 이 경우다. 돈을 벌어야 한다는 목적을 정한 후 돈을 벌었다면 아마 그런 일은 없을 것이다. 로또에 당첨되고서도 오히려 당첨 전보다 더 불행해지는 사람, 돈이 많아 삼대가 써도 다 쓸 수 없을 정도인데도 화목하지 않은 가정, 승진을 하면 세상을 다 가질 것 같았는데 승진 후 경쟁과 외로움을 견디지 못해 병에 걸리거나 자살하는 사람, 대중으로부터 엄청난 환호를 받는 유명인이 되었음에도 어떤 행복도 느끼지 못하는 사람들이 우리 사회에 의외로 많다.

목표를 이루기 위해 최선을 다함으로써 보통 사람들보다 훨씬 많은 성취를 했음에도 행복하지 않은 것은 뭔가 잘못되었기 때문이다. 목표 추구에 앞서 그 일을 왜 열심히 해야 하는가를 생각하지 못했기에, 오히려 목표가 달성됨으로 해서 그 존재 자체가 황폐해진 것이다. 이런 역할을 해주는 것이 명변이다.

임계점 돌파하기 공부는 목적과 수단의 조화를 이루게 하고 더 나은 인격으로 성장시킨다. 목적과 수단이 조화로운 사람은 보통 사람보다 더 많은 영향력을 타인과 사회에 발휘할 수 있다. 이는 그 사람의 가치를 몇 배로 상승시켜 의미 있는 삶을 살게 한다.

둘째, 현상과 본질을 구별할 수 있게 한다.

매일 접하는 대상에 대해 반응하는 방식이다. 현상에 휘둘려 매일 몸이 들썩이는 사람들이 있다. 그렇게 해서는 유행만 좇는 인생을 살아갈지도 모른다. 루스벨트 대통령은 대공황에 빠져 두려워하는 미국인들에게 "두려움을 이기는 것은 오직 두려움뿐이다"라는 말로 용기를 주었다. 소란을 이겨내는 것은 오직 소란에서 빠져나오는 것뿐이다.

현상의 특징은 소란함이다. 소란함을 일으키는 본질을 알게 되면, 현상의 소용돌이에 빠지지 않고 오히려 잘 활용할 수 있다. 유능한 사공은 물결을 잘 이용하는 사람이듯이 임계점 돌파하기 공부를 제대로 실천하는 사람은 세상의 거센 파도 속에서도 자신이 원하는 곳으로 노를 저어 갈 수 있다. 이것이 직관과 통찰이 주는 힘이다.

현상과 본질을 구분할 수 있는 능력을 갖추면 삶이 단순해진다. 삶이 단순해진다는 것은 찜찜함이 적은 하루를 보낼 수 있게 된다는 것이다. 삶이 단순해질수록 불필요한 것에 낭비하던 시간을 자신이 좋아하는 일과 좋아하는 사람에게 집중해서 투자할 수 있다. 현상과 본질을 구분하는 능력은 평범한 사람을 위대한 사람으로 만들어주는 핵심적인 자질이다.

셋째, 나무와 숲을 구별할 수 있게 한다.

성과를 추구하는 방식이다. 일본인 작가가 쓴 책 중에는 성과를 이루는 세부적인 방법이 잘 나와 있다. 작은 것 하나에도 세밀하게 파고드는 국민성과도 관련되는 듯하다. 하지만 그런 책을 읽다 보면 개별 나무만 잔뜩 보이고, 숲 전체 그림이 잘 보이지 않는 경향이 있다.

공부하겠다고 단단한 결심한 사람들 중 독서(why)는 하지 않고 독서법(how to)에만 관심을 갖는 이들이 있다. 빨리 실력을 높이고 싶다는 간절한 마음은 이해가 간다. 하지만 정작 본인이 공부하고 싶은 분야의 책은 읽지 않고 독서법만 익힌다고 인생이 바뀔까? 기본을 닦지도 않은 채 기술만 익혀서 위대해지는 일은 세상에 없다. 주식투자를 한다고 하면서 세상의 흐름과 주식의 기본 이론도 모른 채 매매기법이나 소문만 쫓아 다니는 것과 비슷하다. 이렇게 해서 주식 시장에서 돈을 벌었다는 사람은 거의 없다.

독서법 책만을 많이 읽어서 획기적인 성장을 한 사람을 찾기란 무척 어렵다. 공부하는 모임에는 항상 이곳저곳을 기웃거리는 사람이 있기 마련이다. 저쪽에는 어떤 방식으로 공부하고, 이쪽에는 어떤 방식으로 공부한다는 비교분석이 아주 뛰어나다. 하지만 그렇게 해서 성장한 것은 무엇이며, 자신의 방식은 무엇이냐고 물으면 꿀 먹은 벙어리가 되곤 한다. 방법은 아주 많은데 그 방법을 자신의 삶에 적용해서 성과를 얻은 경험이 적은 탓이다. 그렇게 해서는 남의 노하우만 이야기하다가 평생을 보내게 될지도 모른다. 따라서 성과를 높이는 방식 못지않게 왜 성과를 높이려고 하는지에 대한 진지한 검토가 필요하다.

| 표 2. 무엇을 어떻게 추구할 것인가 |

구분	A	B
추구하는 목표	목적	수단
접하는 대상	본질	현상
달성하는 방법	why	how to

〈표 2〉에서 A는 중요하고 B는 중요하지 않다는 것이 아니라, A와 B의 상호교감이 중요하다는 것이다. A만 추구하는 사람은 삶이 무거워지고, B만 추구하는 사람은 삶이 가벼워지고 경망스러워질 수 있다. 똑같은 시간을 투자했는데도 성장의 속도가 빠른 사람은 대개 A에 대한 생각을 주기적으로 하면서 B에 대한 노력을 한다. 그래야만 배가 산으로 가지 않고 자신이 원하는 목적지에 닿을 수 있다. 명변이 줄 수 있는 주체적 힘이다.

명변의 단계에 이르면 삶이 단순해진다. 세상의 유혹에 흔들리지 않으며, 자기 것이 아닌 것을 탐하지 않고, 순리대로 살 수 있기 때문이다. 어느 정도의 직관과 통찰을 갖고 있기에 창의력을 발휘할 수 있고, 다른 사람에게 올바른 조언을 해줄 수 있는 역량을 갖추게 된다. 명변이 잘된 사람을 우리는 구루 또는 고수라고 하고 내공이 높은 사람이라고도 부른다. 공부하는 사람들이라면 누구나 명변 단계를 목표로 더 열심히 사색해야 한다. 그래야만 임계점을 넘어 전문가로서 자기가 원하는 삶에 더 가까워질 수 있기 때문이다.

5단계 | 독행(篤行): 진실한 마음으로 성실하게 실천한다

존 듀이가 말하는 앎의 목적으로 다시 가보자. 그는 이렇게 말했다. "앎은 행동과 그 행동의 결과가 어떤 관련이 있는지에 대한 인식이다. 이러한 인식의 토대로 불필요한 시행착오를 줄이고 더 나은 행동을 이끄는 것이 바로 앎의 요체다."

우리가 공부를 하는 최종적인 목적은 더 나은 행동을 하는 것이다. 더 나은 행동에는 외적으로 보이는 추진력뿐만 아니라 우리가 살아가는 이유, 즉 가치가 포함되어 있다. 추진력이 뛰어남에도 철학이 없다면, 그 삶은 공허해지기 쉽다. 좀더 나은 행동이 되기 위해서는 사회적 성취와 인격적 성숙이 조화를 이루어야 한다.

사회적 성취는 대단하지만 30분만 이야기해도 참 실망스러운 사람을 만난 경험이 있을 것이다. 목표 지향적으로 살아서 성공한 것은 대단하지만, 다시 만나고 싶다는 생각은 들지 않는 유형이다. 우리 사회의 리더 중에는 이런 사람들이 참 많다. 국가 리더 중에 이런 사람이 많다는 것은 그 국가의 미래가 표류하는 배와 같다고 해도 크게 틀린 말은 아닐 것이다. 좋을 때는 문제가 없지만 위기가 닥치면 집단을 이끌 존경받는 리더가 부재하는 사회가 된다. 리더가 없으니 책임을 미루다가 기회를 놓치고 만다. 지켜야 할 도리도 없고, 닮아야 할 모델도 없는 사회는 금수(禽獸)가 모여 사는 세상과 다를 바가 없다고 하면 틀린 말일까? 그래서 동양에서는 언행일치를 하는 사람을 인격 등급에서 상급(上級)으로 여겼고, 언행이 불일치하는 사람을 인격의 등급에도 들지 못하는 등외(等外)로 분류했을 것이다.

　당신은 배운 것을 좋은 삶을 위해서 적용하고 있는가? 그게 없다면 배움 자체는 생존을 충실히 하는 역할에만 국한될지도 모른다. 더 많은 부와 더 높은 자리를 위해서 수단과 방법을 가리지 않고, 그렇게 성취한 사람들이 큰소리치며 살고, 젊은이들이 그들을 모델로 산다면? 그런 사회는 경쟁을 위해서라면 원칙이나 배려도 없는 그야말로 약육강식의 무법천지가 될 수도 있다는 점이 우려스러운 것이다.

　"배움이란 첫째, 변화를 통해 이루어진다. 둘째, 배움은 올바름 혹은 더 나은 방향으로 수정하며 재구성한다. 셋째, 배움은 관념과 논변을 넘어 현실적으로 참여하고 적용하면서 이루어진다." 존 듀이의 말을 이 시대 리더와 지식층은 귀담아들었으면 좋겠다. 현상과 본질을 구분할 수 있는 직관과 통찰력을 가지고 시대를 아우를 수 있는 지혜가 절실한 지금이다.

인문학은 '한때 유행'이 아니라 사람 공부여야 한다

카산드라는 미래를 볼 수 있는 능력을 가진, 그리스 신화 속 트로이의 공주다. 그녀는 아폴론의 구애를 받아들이는 조건으로 예언 능력을 선물 받는다. 하지만 그녀가 아폴론과의 약속을 지키지 않자 화가 난 아폴론은 카산드라에게 사람들이 그의 예언을 믿지 않도록 저주를 내린다. 그녀는 사람들에게 목마가 성채 안으로 들어와 트로이를 몰락시킬 것이라고 예언했으나 아무도 그녀의 말에 귀 기울이지 않았다.

인문학 열풍을 지켜보면서, 카산드라를 떠올린다. 인문학 열풍은 카산드라의 예언과 닮은 구석이 있는 것 같다. 당신도 인문학 열풍을 카산드라의 예언처럼 당신의 삶에 효과적으로 적용할 수도 있고 그렇지 않을 수도 있다. 인문학 열풍을 적용할 때 다양한 유형이 있다. 인문학으로 기회를 선점한 사람, 적극적으로 수용해서 자기 삶을 바꾸고자 하는 사람, 그저 아는 척하면서 지적 유희를 즐기는 사람, 인문학과 관련이 없는데도 인문학의 무늬를 씌워 생계를 해결하는 사람, 아예 관심을 갖지 않는 사람, 혹시나 생계에 도움이 될까 하여 인문학 주변을 기웃거리는 사람, '또 헛소리 하고 있네' 하고 비꼬는 사람 등 다양한 형태의 반응이 나타난다. 이 책 또한 카산드라의 예언처럼 당신이 원하는 삶을 찾아서 임계점 돌파하기 공부를 하라고 외치고 있다. 하지만 어떻게 적용할 것인가는 오직 당신의 몫으로 남겨진다.

얼마 전 초등학생을 대상으로 인문학 강의를 하러 갔더니, 교장 선생님이 인문학이 뭔지 간단히 설명을 해달라고 했다. 지금껏 인문학에 대해서 들은 바는 많은데, 솔직히 제대로 아는 것이 없다고 했다. 그 말을 들으면서 참 솔직하다는 생각과 이것이 우리 사회에 부는 인문학 열풍의 현주소가 아닐까 하는 생각을 했다.

인문학 열풍이 분 지도 몇 년이 흘렀건만 원인이 무엇인지, 그 실체는 무엇이고 인문학을 자기 삶에 어떻게 적용해야 하는지 남들에게 쉽게 설명해줄 수 있는 사람이 의외로 적은 것에 놀란다. 인문학에 모범답안이 있는 것이 아니기에 오히려 혼돈을 부추기는 측면도 있다. 자칫하면 본질에 접근도 못 한 채 한때의 유행에 편승하다가 분리수거 때 버려지는 낡은 책처럼 되지 않을까 우려스럽기도 하다.

당신이 그렇게 되지 않기 위해서는 인문학 열풍의 숲으로 가는 안내도만 만지작거리지 말고, 숲 깊숙이 들어가서 당신이 좋아하는 나무를 찾아 당신만의 숲을 만들어야 한다.

'인문학은 무엇인가?'

'인문학이 갑자기 강조되는 이유는 무엇일까?'

'인문학의 최종 목적은 무엇일까?'

'우리 삶에서 인문학이 담당해야 하는 역할은 무엇인가?'

'인문학을 공부하려면 무엇부터 시작해야 할까?'

'궁극적으로 인문학이 나의 삶에 적용되어 좋은 것과 할 수 있는 역할이 무엇일까?'

모호하고 추상적인 질문일 수 있다. 하지만 이 질문들은 인문학 열풍이 부는 본질적인 목적과 관련된 것들이다. 이런 질문에 답할 수 없다면 인문학을 자기 삶에 적용할 수 있는 세부적인 방식을 갖고 있지 않다고 말하더라도 크게 틀리지는 않을 것이다.

뭔가를 제대로 공부해서 삶의 목표와 연결 짓기 위해서는 큰 흐름을 이해하는 것뿐만 아니라 자신에게 필요한 요소를 찾아내는 것이 좋다. 그러자면 '척'하는 태도만 버리더라도 훨씬 더 현명해질 것이다. 아는 척, 있는 척, 그런 척 등을 하는 것이 때때로 성장을 가로막는 벽이 될 때도 있다. 척하는 것만으로는 어떤 분야에서건 임계점을 돌파하는 전문성을 갖기는 힘들 것이다. 우려스러운 것은 현재의 인문학 열풍이 웃음 열풍, 행복론, 정의론, 힐링 열풍처럼 또 그저 한때의 유행처럼 스치고 지나가지 않을까 싶다는 것이다.

사실 앞에서 질문한 내용들에 대한 답은 인문학이라는 이름을 붙인 책 몇 권만 읽으면 알 수 있는 것들이다. 아니, 책을 읽지 않더라도 인터넷 포털에서 검색해도 알 수 있는 것들일 수 있다. 하지만 그렇게 해서는 읽을 때만 대답이 가능하고, 삶에 적용하는 데는 효과가 있을지 불확실하다는 것이 문제일 것이다.

읽을 때 이해할 수 있다고 해서 자신의 역량이 되는 것은 아니다. 진지한 고민이 없는 한 세상의 모든 진귀한 보석도 고삐 없는 금송아지일 수 있다는 얘기다. 주체적 고민이 없는 공부는 질문에 답하는 것을 어렵게 한다. 그렇게 되면 '헛공부' 했다거나 '척'하다가 세월 다 보냈다는 평가를 받을지도 모른다.

이제 질문한 내용에 좀더 구체적으로 다가가 보자. 인문학 열풍의 큰 그림을 탐색한 후, 삶에 적용할 수 있는 작은 그림들을 살펴보자.

──────── 인문학이란 무엇인가?

인간은 궁금한 게 많은 종(種)이다. 하지만 사람들의 궁금증을 연구한 것 중에서 실제로 당신에게 필요한 것은 아주 적고, 불필요한 것이 대부분이다. 이렇게 사람들이 궁금해하는 것을 모두 모은 것을 학문이라고 부른다. 인류 탄생 이래 사람들이 가졌던 궁금증을 크게 두 가지로 나눌 수 있다.

첫째가 눈을 뜨면 접하게 되는 대상에 대한 관심이다. 즉 '세상은 무엇으로 구성되었는가?'에 대한 궁금증이다. 이 분야를 자연과학이라고 부르는데, 물리학·화학·생물학·천문학·지학·수학 등이 이에 속한다. 가설이나 실험을 통해 객관적인 자연현상을 다룬다.

두 번째가 자기존재인 인간 자체에 대한 관심이다. '인간이란 어떤 존재이고, 무엇으로 사는가?'에 대한 궁금증이다. 언어학·문학·역사·법률·철학·고고학·예술사·비평·예술 그리고 인간을 내용으로 하는 학문이 이에 속한다. 인간과 관련된 근원적인 문제나 사상, 문화 등을 중심적으로 연구하는 학문으로 인간의 가치와 관련된 제반 문제를 연구의 영역으로 삼는다. 이것을 총칭해서 부르는 이름이 인문학이다.

따라서 '인문학은 세상과 사람에 대한 모든 것이다'라고 하더라도 크게 틀린 말은 아닐 것이다. 사람에 대한 모든 것은 곧 인간의 본성을 탐구하는 일이다. 앎의 세계를 골치 아프게 여긴다면 그것은 지금 이 시간에도 세상 곳곳에서 궁금한 것을 연구하는 다양한 사람들이 있다는 점 때문일 것이다. 당신에겐 불필요한 것이라 하더라도 호기심이 많은 사람은 당신의 관심과는 상관없이 연구하고 발표하는 활동을 계속한다.

그렇게 해서 지식의 총량은 늘어나고 우리가 종합적으로 공부해야 하는 것들은 기하급수적으로 늘어간다. 결론은 그렇다. 인간의 모든 궁금증에 대해 연구하는 것이 세상의 문제라면, 그중에서 우리 삶에서 필요한 것을 선택하는 것은 곧 당신의 문제가 된다.

만약 당신에게 선택하고 판단할 기준이 없다면 당신이 할 수 있는 것은 두 가지 뿐일 것이다. 압도되거나 무시하거나. 당신은 어떤 선택을 하고 싶은가? 삶의 목적이 없이 열풍에 휩쓸리면 시간 낭비만 하고 빈손으로 돌아갈 수도 있다는 점을 생각해보자는 것이다. 다른 한편으로, 열풍 주변을 맴돌다가는 정작 당신 삶에서 정말로 필요한 것은 하나도 건지지 못할 수도 있다.

───── 왜 갑자기 인문학 열풍인가?

인문학은 인류가 시작된 이후로 계속되어온 학문이다. 그런데 왜 갑자기 세상의 중심으로 나왔는가? 두 가지 측면에서 접근할 수 있다.

첫 번째가 기업과 조직의 요구다. 신자유주의 시대를 맞아 낮은 가격의 질 좋은 상품이 넘치다 보니 먹고사는 문제가 간단치 않게 되었다. 팔아야 할 물건은 쌓여가는데 팔 곳을 찾지 못한 기업들은 직원들의 임금을 어떻게 줄 수 있을지 고민하게 되었다. 덤핑 경쟁에서 탈락해 몰락하는 기업이 속출하고, 산업의 이동에 따라 적응하지 못한 실업자가 기하급수적으로 늘어간다. 국가적으로는 성장을 지속할 수 있는 새로운 산업을 통한 일자리 창출이, 기업으로서는 경쟁 없는 사업을 없애고 수익성 높은 신규 사업 창출이 절박해졌다.

고용사회가 저무는 새로운 시대의 문제는 고용사회에 적합했던 사람이 풀 수 있는 간단한 문제가 아닌 것이다. 새로운 아이디어를 상품화해서 대규모의 직원을 먹여 살릴 수 있는 상상력과 창의력을 가진 창의적 인재를 필요로 하게 되었다. 즉 새로운 것을 만들어내야만 하는 기업과 사회적인 창조 강박의 대안으로 인문학이 등장한 것이다.

두 번째가 개인과 가정의 요구다. 지금 사회 현실은 1·2차 세계대전 이후 직면했던 허무주의 시대와 비슷하다. 수십 년간 개인에게 안전한 발판이 되었던 고용사회의 패턴이 사라지고 있다. 누구든 목표를 설정하고 '열심히 하면 모든 것이 잘되리라'는 긍정적 낙관이 무너졌다. 그러다 보니 지금껏 믿고 준비해왔던 많은 것이 쓸모없는 것들이 되어버렸다. 사람들은 무엇을 어떻게 하고서 살아야 할지 미래에 대한 희망을 갖기 힘들어졌다.

그래서 개인들은 혼란스럽다. 주변에서 현명한 모델을 찾고자 하지만 그런 사람을 찾기가 힘들어 더욱 그렇다. 당신이나 내가 지금까지 학습한 것들만으로는 이제 잘 살 수 없게 되었다는 말이다. 한계에 직면한 '성장 시대의 보편적 개인'과 '주변을 답습하는 가정의 계획'을 버리고 고용사회 너머의 미래를 준비해야 한다는 절박함이 인문학적 요구를 불러왔다.

이것이 큰 그림으로 이해되는 인문학 열풍의 모습이다.

───── 인문학의 최종 목적은 무엇인가?

당신뿐만 아니라 모든 사람은 한 번뿐인 인생을 멋지게 살고 싶어
한다. 멋지게 산다는 것은 어떤 것일까?

첫째, 성공적인 삶을 사는 것이다. 요즘 시대에는 돈을 많이 버는
것을 성공적인 삶으로 인정하는 경향이 강하다. 그런 분위기에 아무
런 의심 없이 편승하면 돈을 벌지 못하는 사람들은 상대적인 박탈감
을 더 심하게 느낄 수 있다.

둘째, 명예로운 삶을 사는 것이다. 돈은 많지 않지만, 사회적으로
존중받는 지위를 얻는 것이다. 높은 관직에 오를 수도 있고, 조직에
서 높은 직위로 승진하는 것, 사회적으로 필요한 분야에서 세상의
변화를 위해 힘을 다하는 것 등이다. 반기문 유엔 사무총장 같은 경
우가 이에 해당한다.

대체로 성공했다고 하는 경우 우리는 첫째와 둘째를 포함해서 말
하곤 한다.

셋째, 좋은 삶을 사는 것이다. 돈도 많지 않고 남들에게 부러움을
살 만한 사회적 지위를 가지지도 못했지만, 자신이 정한 가치를 충

실히 실천하면서 살아가는 것이다. 돈 많은 사람과 지위가 높은 사람이더라도 함부로 할 수 없는 아우라를 가진 삶이다.

이상적으로 본다면 세 가지를 모두 가지는 삶이 최고로 멋진 삶이라 할 수 있다. 당신도 이런 삶을 한 번은 꿈꾸어보았을 것이다. 나도 그런 삶을 사는 소수를 만나면 존경스럽다. 소수라는 점을 주목해야 한다. 다수는 아무리 열망해도 그렇게 되지 못하는 것이 우리가 사는 현실임을 때론 인정해야 한다.

그렇다면 돈도 많이 못 벌었고, 명예로운 삶도 못 살았고, 좋은 삶도 살지 못했다면 도대체 우리는 삶의 가치를 어디에서 찾아야 하는가? 이것이 개인에게 던지는 이 시대 절박한 인문학의 질문이다.

좋은 삶이란 무엇일까? 나는 그 답을 에머슨의 〈진정한 성공〉이라는 시 구절에서 찾기도 한다.

(…)

한 뙈기의 정원을 가꾸든

사회 환경을 개선하든

자기가 태어나기 전보다

세상을 조금이라도 살기 좋은 곳으로

만들어놓고 떠나는 것.

자신이 한때 이곳에 살았음으로 해서

단 한 사람의 인생이라도 행복해지는 것

소비 과잉의 시대다. 자신만의 좋은 삶에 대한 기준이 없다면 당신의 삶은 어떻게 될까? 소비를 강요하는 세상에서 욕망을 좇아 필요 없는 물건을 사고, 물건값을 갚기 위해 죽도록 일해야 하는 삶을 반복해야 할지도 모른다. 목적지도 모른 채 폭주기관차같이 달리는 타율적 욕망을 통제하고 당신이 원하는 삶으로 바꾸려면 인문학적 소양이 절대적으로 필요하다.

일사병에 걸린 사람에게 당장 필요한 것은 빵이 아니라 소금과 한 모금의 물이다. 빵이 배가 부른데도 먹는 성과주의라면, 소금과 물은 인문학적 소양일 것이다.

좋은 삶을 더 쉽게 표현하면, 스스로 노력해서 세끼 밥을 먹되 자기 의지로 먹고 남에게 욕 들을 필요가 없는 것이라 말할 수 있다. 주변을 돌아보라. 자기 밥 먹으면서도 욕먹는 사람이 참 많다. 그들 중 돈을 벌고 사회적 지위까지 가진 사람도 적지 않다. 그들은 성공했다는 평가를 받더라도 인문학적 삶을 살고 있다고는 말할 수 없을 것이다. 그렇게 해서는 부러움을 받을지언정, 존경까지 받기는 어려울 것이다.

———— 삶에서 인문학이 담당해야 하는 역할은 무엇인가?

인문학이 담당해야 하는 역할에 대해서는 의견이 분분하다. 의견이 분분하다는 건 꼭 맞는 답이 없기 때문일 것이다. 꼭 맞는 답이 없다는 것은 곧, 당신 인생은 당신 마음대로 해도 된다는 뜻으로 해석할수 있다. 남의 눈치 보다가는 당신이 원하는 대로 한 번 살아보지도못하고 세월 다 보낼 수도 있다는 말이다. 이 부분을 독자들은 가장짜증스럽게 생각한다. 뭔가 실마리를 찾고자 이 책을 읽고 있는데,또 빈손으로 돌아가야 할지도 모르기 때문이다.

나도 짜증 나고 답답해 죽는 줄 알았다. 철학책을 읽어도 언제 그답을 찾을 수 있을지 막막했고(특히 플라톤 이후의 서양철학을 읽으면 머리가 이상증세를 보인다는 사람이 많다), 혹시나 하고 전문가의 인문학특강을 들어도 뭔가 손에 잡히는 것을 찾기는 힘들었다. 철학자들은자기의 사유를 어려운 개념으로 설명해서 머리가 돌 지경이었고, 방송에 나오는 전문가들 또한 자신이 전공한 분야를 인문학적 요구와접목하는 정도까지만 접근하는 경우가 많았다.

들을 때는 그럴듯해서 고개가 끄덕여지는데, 돌아서면 여전히 동굴의 어둠속에 머물고 있다는 느낌이 늘 들었다. '명쾌히 설명할 수있는 한 줄기 빛이 있다면 좋으련만…' 하고 간절히 빈 적도 많았다.그리고 한동안 공부 주변에서 방황했다. 그러다 소크라테스를 공부하면서 그 실마리를 찾게 되었다.

적어도 나는 소크라테스에서 실마리를 찾았지만, 여러분은 어떨지 잘 모르겠다. 어렵게만 느껴졌던 인문학의 역할이란 것이 알고보니 너무나 단순한 것이었다는 점에서 조금은 실망스럽기도 했다.

미스코리아 선발대회에서 무엇을 뽑는가? 그것만 알면 누구라도 열심히 인문학을 공부하지 않아도 인문학적 행동을 할 수 있다는 점을 알게 되었다. 참, 학자라고 하는 사람들은 단순한 것을 왜 그리도 복잡하게 설명해서 가뜩이나 먹고살기 힘든 우리를 힘들게 하는지. 조금은 허탈해지기까지 했다. 진선미를 구분하는 것이 궁극적으로 인문학이 할 수 있는 역할이었다. 일상에서 미스코리아 선발대회를 생각하면서 진선미를 구분하고 실천할 수 있다면 누구든 좋은 삶을 살아갈 기준을 잡을 수 있다는 것이다.

좀더 구체적으로 설명하면 '진실과 허위를 구분하는 것'이 첫 번째 관문이다. 당신 눈앞에 보이는 것들이 진실인가 허위인가를 구별할 수 있는 분별력을 갖는 것이다. 당신의 현재 모습은 순간적인 선택이 모인 총합이다. 따라서 당신은 매 순간 선택을 할 때 그것이 진실에 가까운지, 허위에 가까운지 판단해야 한다. 진실에 가까운 것을 선택하는 횟수가 많아질수록 우리는 주체적인 삶과 좋은 삶을 살 가능성이 높아질 것이다.

예를 들어 재테크를 위해 펀드투자를 해야 한다는 권유가 있다고 하자. 펀드투자가 우리 재산을 불려주는 것인지, 증권회사나 은행 직원이 개인에게 배당된 판매량을 소화하기 위해 당신 힘을 빌리려고 하는 것인지는 냉정히 판단해야 한다. 나중에 손해가 발생했을 때 책임을 누가 져야 하는가? 당신이 져야 하는 경우가 대부분일 것이다.

나중에 결과가 좋지 않아 후회하고 책임을 전가해야 한다면 그것은 당신이 판단의 순간에 진실과 허위에 대해 혼돈을 일으켰기 때문이라 할 수 있다. 수익이 생기는 것만을 당신이 진실이라고 믿었다면, 손해를 보는 반대 상황을 예측하지 못했던 것이다. 그것은 편견이다. 또한 판매수당을 받을 목적으로 당신에게 손해가 될 수 있는 상품을 권유한 사람의 허위를 간파하지 못했다면, 당신은 선택의 순간에 진실이 아니라 허위를 선택한 것이 된다.

　이와 같이 우리 눈앞에는 진실보다는 허위가 더 판을 치는 경우가 종종 생긴다. 따라서 자명함을 얻기 위해서는 본질을 볼 수 있는 눈을 가져야 한다. 본질을 볼 수 있어야 진실과 허위의 구분이 쉬워지기 때문이다. 그곳에는 인간의 본성이 있다. 사람을 놓치지 않는 것이 곧 인문학이다. 사람의 본성을 알게 되면 더 지혜로운 선택을 할 수 있다. 이것이 인문학을 공부하고 실천할 때 가지는 힘일 것이다.

　두 번째 관문은 행위에 대한 것이다. '당신의 행동이 선한지, 악한지를 구분하는 것'이다. 선한 행동을 많이 하면 누구나 평온을 경험할 것이다. 하지만 악한 행동을 많이 하면 사이코패스가 아닌 한 양심의 가책을 느끼게 되어 있다. 그래서 '사람의 표정은 인격의 다른 이름이다'라는 말이 있는 것일 게다.

　보편적인 성격의 사람이라면, 악한 행동을 많이 할수록 얼굴이 밝지 못하다. 양심의 가책이나 고민이 표정에 드러나기 때문이다. 하지만 선한 행동을 하는 사람들은 얼굴이 호수와 같이 평온하고 맑다. 가책을 느껴야 할 이유가 없고, 선행 자체가 그 사람에게 행복감을 주기 때문일 것이다.

조로아스터교의 교리에 따르면 죽음의 계곡에는 저울이 놓여 있다고 한다. 죽은 자가 저울에 오르면, 살아생전 선한 행동을 많이 한 사람은 저울이 천당 쪽으로 기울어 천당에 떨어지고, 악한 행동을 많이 한 사람은 저울이 지옥 쪽으로 기울어 지옥으로 떨어진다고 한다. 믿을 수 없는 후천세계이지만 합리적이라는 생각이 든다. 행동을 할 때 그것이 선한지 악한지를 구분할 수 있는 것이 인문학이 삶에서 담당하는 두 번째 역할이다.

마지막은 행위의 연속된 결과물에 관한 것이다. '당신의 삶이 아름다운지 추한지에 대한 구분'이다. 미(美)와 추(醜)라는 한자를 풀이해보면 재미있다. '아름다울 미'는 '큰 대(大)'와 '양 양(羊)'이 결합된 것이다. 옛날에 제사를 지낼 때 양 중에 가장 살이 찌고 탐스러운 것을 재물로 바쳤다는 데서 유래한다. 신 앞에 섰을 때의 모습이다.

이것이 최근에는 외적인 아름다움을 다루는 것으로 변해버렸다. 외적인 아름다움은 시대에 따라 변해왔다. 당나라 양귀비 시대에는 뚱뚱한 여인이 미인이었고, 춘추 시대 월국(越國)에서는 서시와 같이 찡그리는 여인이 미인의 기준인 적도 있었다. 절세미녀로 소문 났던 서시는 지병인 심장병 때문에 자주 얼굴을 찡그렸는데 마을에 사는 여자들은 그것까지 따라 했다고 한다. 여기서 유래한 사자성어가 서시효빈(西施效嚬)이다. 본질을 망각하고 맹목적으로 남을 따라 한다는 어리석음을 나타내는 말이다. 지금 '넷미인'을 비롯한 성형천국, S라인을 위한 무리한 다이어트와 운동이 효빈은 아닌지 생각해보게 한다.

진정한 아름다움이란 외적인 것과 내적인 것의 조화로움에서 발휘될 때 더욱 빛나는 것은 아닐까? 아무리 외적으로 아름다운 사람이라도 행동이 나쁘고 인격이 떨어지면 갈수록 추해 보일 것이고, 외적으로 조금 못난 사람도 배려하고 인품이 훌륭하면 아름답게 보일 것이다. 그렇게 본다면 아름다움이란 절대적인 것이 아니라 상대적인 것이라 말할 수 있다. 외모의 단점을 갖고도 좋은 삶을 사는 사람이 많으며, 외모의 장점을 갖고도 추한 삶을 사는 사람들도 많다.

한편, '추할 추'는 '닭 유(酉)'와 '귀신 귀(鬼)'의 결합이다. 머리에 장식을 한 무녀가 신전에 술을 따르는 모양으로 행실이 나쁜 데서 유래했다. 이것이 외적으로 못난 것으로 변해서 사용되고 있다.

행위의 연속된 결과가 다른 사람에게 호감을 느끼게 할 때 우리는 그 사람을 아름답다고 말하고, 행위의 연속된 결과가 좋지 못할 때 그 사람을 추하다고 한다. 살아가는 동안 진실과 허위, 선과 악, 아름다움과 추함에 대한 선택의 결과에 따라 좋은 삶이 되기도 하고, 나쁜 삶이 되기도 한다. 당신은 어떤 삶을 살고 싶은가?

그런 면에서 지식은 언제나 행동을 보좌하는 것이지 지식이 행동을 앞서지는 못한다. 소크라테스는 2,500년 전에 진선미를 인간다운 행동으로 가르치기 위해 독배를 마셨다. 안타깝게도 그 단순한 진리가 그의 제자인 플라톤을 거치면서 어려운 관념론으로 바뀌어 버렸기에 인문학은 점점 일반인의 생활에서 멀어지게 되었다.

진선미 구분 다음으로 인문학이 담당해야 하는 역할은 '너무나 당연하다고 여기는 것을 의심해보는 것'이다. 그 질문 속에서 그 사람의 독특함이 발아하기 때문이다.

———— 인문학을 공부하려면 무엇부터 시작해야 하는가?

인문학을 공부하려면 무엇부터 해야 할지 막막하게 여기는 사람들이 꽤 많다. 위안이 되는 말부터 해야 할 것 같다. 오랫동안 인문학 공부를 한 사람조차 때론 막막함을 느낀다는 사실이다. 인문학 공부를 통해 엄청난 통찰과 지혜를 얻지 않는 한 인문학은 모래사장에서 바늘 찾기와 같을 수 있다. 적용하는 것이 적다면 누가 조금 더 알고 더 적게 아느냐는 어쩌면 오십보백보라고 할 수 있는 것이 인문학이기도 하다.

고전을 시작하라고 하는데 무엇부터 시작해야 할지, 미술과 예술 분야도 알아야 한다는데 미술관 몇 번 가거나 미술사를 읽는다고 인문학적 통찰이 갑자기 생길지 의문이다. 모차르트나 바흐, 쇼팽, 베토벤 연주를 듣는다고 예술적 감각이 갑자기 살아나지도 않을 것이다. 뭘 해도 갑자기 효과가 나타날 것 같지 않고, 먹고사는 것이 바뽑 때는 당장 필요하지도 않으니 장님 코끼리 만지는 것과 비슷할 수도 있다.

게다가 누구는 이렇게 하라, 누구는 저렇게 하라 말들도 많으니 인문학 공부 좀 하려고 마음먹다가도 제풀에 지칠 수 있다. 시카고대학교 플랜도 있고, 각 대학 추천 100대 도서도 있고, 고전 공부법 같은 책들도 있다. 각각의 장단점이 있을 것이다.

일반인이 가장 접근하기 쉬운 방법이 동원그룹 김재철 회장이 소개한 '문사철(文史哲) 600 도전 전략'이라고 여겨진다. 인문학 분야를 좁힐 때 문학, 역사, 철학을 흔히들 이야기한다. 문사철 600은 세계적으로 유명하다는 고전문학 300권, 역사책 200권, 철학책 100권으로 이뤄져 있는데, 이를 읽으면 인문학적 소양을 가장 빨리 갖출 수 있다는 것이 김재철 회장의 주장이다. 나 역시 이 방법을 많이 추천하는 편이다. 문사철 600에 대한 도서목록을 정리한 후 자신이 이미 읽고서 개괄하고 있는 책은 제외하고 나머지 책들을 계획을 세워서 꾸준하게 읽는 방법이다.

문학서적을 통해 얻을 수 있는 것은 다양한 문화와 언어의 이해다. 세계화 시대를 살게 된 우리는 다른 나라의 문학을 읽으면서 그들의 문화를 이해할 수 있다. 또한 한국문학을 통해서는 단순한 생활어가 아닌 고급스러운 문화어를 배우게 된다. 고급스러운 언어를 많이 알수록 표현이 풍부해지고, 글을 쓸 때도 자기 느낌을 훨씬 더 정확하고 세밀하게 묘사할 수 있다. 문학을 통해서는 작가의 상상에 따라

미지의 세계를 탐험할 수 있고, 다양한 인간 군상이 살아가는 모습을 관찰할 수 있다. 상상을 통해 자기 삶의 세계를 확장할 수 있고, 인간 군상을 통해 자신이 좋은 삶을 살기 위한 모델을 찾을 수도 있다. 또한 나쁜 인물을 통해 반면교사로 삼을 수 있을 것이다.

역사서적을 읽어 얻을 수 있는 것은 과거를 통해 미래를 통찰할 수 있다는 것이다. 역사책은 인간 행동 중 어떤 것이 가치 있고, 어떤 것이 덧없는가를 알게 해준다. 이는 우리 삶이 하루로 기억되는 것이 아니라 인생 전체로 평가받는다는 증거를 통해 삶에 대한 종합적인 관점과 긴 호흡으로 인생을 바라볼 수 있는 혜안을 준다. 또한 다양한 인간 군상의 모습을 통해 인간관계를 잘 유지할 수 있는 법칙을 배우고, 리더로서 갖추어야 할 대범함과 포용력 등 자질을 배울 수 있다. 역사책을 통해 우리는 죽어도 영원히 산다는 것이 무엇인지 통찰을 얻게 된다.

철학서적을 읽어서 얻을 수 있는 것은 삶의 일반적인 문제에 대해 깊은 사유를 할 수 있다는 것이다. 철학자들은 인간이 보편적으로 느끼는 고민을 깊이 있게 사유한 인물들이다. 살면서 만나게 되는 고민들에 대해 철학자들이 남겨놓은 깊이 있는 사유나 개념을 통해 훨씬 쉽게 실마리나 해결책을 찾을 수 있게 된다. 그 속에는 생계형 삶을 뛰어넘어 의미나 가치를 추구하는 인간들의 신념과 가치가 담겨 있기도 하다. 보편적 삶을 거부하고, 세계를 새롭게 해석하고자 치열하게 고민하는 대가들의 고독의 진수도 배우게 된다.

무엇부터 시작할지 모른다면 때로는 남들이 시키는 일을 곰처럼 묵묵히 하는 것도 괜찮은 방법일 것이다. 하지만 제대로 읽어야 한다. 하나의 작품을 통해 상징을 찾아내고, 작품의 상징이 지금 시대에 어떤 의미를 갖는지, 당신의 삶에는 어떤 의미가 있는지, 나아가 당장 실천할 수 있는 것은 무엇인지를 밝혀야 한다. 그래야만 읽은 것이 읽은 것으로 그치지 않고 당신이 그토록 살고 싶어 하는 삶에 피와 살이 되는 힘으로 드러날 것이기 때문이다.

줏대 있는
인문학 공부법

세상이 빠르게 변해갈수록 공부에 대한 요구도 달라진다. 이런 때일수록 자기만의 독특한 전문성을 드러낼 수 있는 공부를 해야 한다. 그렇지 않고 유행하는 공부를 따라갈 경우 노력한 만큼의 성과를 얻기 힘들다.

앞의 글에 이어서 인문학 공부에 대해 좀더 알아보자. 인문학은 눈으로 보는 1차적인 있는 그대로의 세상보다는 그것을 해석한 2차적인 관념의 세계를 다룬다. 관념의 확장은 말과 글을 통해 이뤄지는데, 말과 글을 통한 관념의 확장은 통찰을 주는 긍정적인 면이 있는반면, 수많은 오해를 불러일으킬 수 있는 부정적인 면도 포함되어 있음을 주목하면 좋겠다.

예를 들어 주자의 말을 모아서 정리한 《주자어류》는 30년간 주자의 강의를 들은 100여 명의 제자가 정리한 강의노트를 모아 편찬한 책이다. 즉 제자들이 받아들이는 정도에 따라 본래의 의미가 변색될 수도 있다는 뜻이다. 이는 곧 당신이 인문학을 공부할 때 맹신보다는 비판적으로 접근해야 하는 이유이기도 하다.

이런 이유로 말과 글이란 본래의 의도와는 달리 다양한 해석을 낳게 된다. 특히 하나의 사상을 지나치게 맹신하거나 필요한 구절만을 뽑아 제멋대로 해석해서는 오히려 지혜로운 통찰에 방해가 될 수도 있다. 인간은 자신이 경험한 것을 근거로 행동을 결정하고 삶을 확장하는 존재라는 점에서 더욱 그렇다.

이럴 경우 공부는 한때의 유행을 따르거나 지적 허영을 채우는 무익한 활동이 될 수도 있다. 자기 기준 없이 시대가 던져주는 인문학적 열풍에 편승할 때 흔히 범하기 쉬운 세 가지 오류를 살펴보자. 오류를 줄여서 인문학 공부가 현재 당신이 하는 일과 관련해서 독특한 전문성을 강화하는 방향으로 나아가면 좋겠다.

——— 극장의 우상을 경계하자

프랜시스 베이컨이 주장한 네 가지 우상 가운데 '극장의 우상'이 있다. 극장의 우상은 잘못된 학설, 전통이나 권위, 유행 등을 아무런 비판 없이 맹목적으로 수용하고 신뢰하는 편견을 말한다. 공부를 할 때 극장의 우상에 빠질 수 있는 사례를 찾아보자.

화이부동(和而不同)이란 말을 들어본 적이 있을 것이다. 이 말은 '너와 나는 다른 사람이라는 것을 인정하는 것, 인간의 다양성을 존중하는 것, 다름이 아니라 차이를 인정하는 것'이라는 의미로 흔히 인용되는 말이다. 지금처럼 논쟁과 불화가 심한 우리 사회에서 상대를 인정해주고 조금씩 양보하면 갈등이 줄어들 것이라는 점으로 하나의 지침이 되기도 한다.

하지만 이 말의 어원을 추적해보면 또 다른 해석도 가능하다. 《논어》의 자로 편이 출전인 이 말은 "君子和而不同 小人同而不和(군자화이부동 소인동이불화)"라는 대구로 되어 있다. '군자는 서로 다름을 인정하고 화합하지만, 소인은 서로 같은 듯 무리지어 다니지만 어울리지 못한다'는 뜻이다. 따라서 전체 구절을 함께 이해하는 것과 앞의 것만 똑 떼어서 사용하는 것에는 해석의 차이가 발생한다. 이런 이유 때문에 고전을 공부할 때는 항상 그 말이 쓰일 당시의 시대 상황을 이해하는 것이 필수적이다.

공자가 살았던 춘추전국 시대는 봉건제 신분사회였다. 당시 군자는 누구이고 소인은 누구였을까? 군자는 학문과 수양을 통하여 수기치인(修己治人)의 능력을 가진 사람을 칭하는 동시에 기득권 세력을 말하는 것이었다. 소인은 학문과 수양이 부족하여 식견과 도량이 좁은 사람을 뜻하는 동시에 새롭게 등장하는 상인 세력을 칭하는 것이었다. 따라서 논어에 언급된 소인은 배웠지만 제대로 실천하지 않는 사람이라는 의미도 있지만, 지배층에 도전하는 새로운 상인계급을 대하는 배타성도 포함된 개념이다.

따라서 '화이부동, 동이불화'는 지배층과 피지배층은 따로 있으니 주어진 신분제도를 인정하고 각자가 자기 역할에 충실하라는 의미로 해석할 수 있다. 지배층은 지배층의 역할을 하고, 피지배층은 피지배층의 역할에 충실하면 된다는 것이다. 이런 의미를 무시하고 화이부동만을 이해해서는 극장의 우상에 빠질 수도 있다.

천민으로 이 말에 반기를 든 최초의 인물은 진승(陳勝)이다. 중국 최초의 통일왕조인 진나라가 멸망하는 데 실마리를 제공한 진승은 "왕후장상 영유종호(王侯將相寧有種乎)"라는 유명한 말을 남겼다. '왕과 제후 그리고 장수와 정승의 씨가 따로 있겠는가'라는 뜻으로, 사람의 신분은 태어날 때 정해지는 것이 아니라 노력하면 달라질 수 있음을 강조했다. 그는 '소인동이불화'라는 양반들이 만들어놓은 편견을 거부하고, 평등한 세상을 꿈꾸는 변혁운동을 전개했다. 진승의 정신은 고려 무신 집권기 최충헌의 노비가 일으킨 '만적의 난'으로 이어지기도 했다.

따라서 《논어》를 공부할 때 4대 성인인 공자의 말에 토를 다는 것을 불경스럽게 본다면, 이는 곧 베이컨이 말한 '극장의 우상'을 따르는 것이 되어 더 지혜로운 공부를 하는 데 방해가 될 수도 있다는 얘기다. 극장의 우상을 심리학에서는 권위의 법칙이라고 한다. 《설득의 심리학》에는 권위의 법칙에 따라 행동할 경우 인간이 얼마만큼 어리석은 행동을 할 수도 있는지에 관한 사례가 나온다.

> 귀에 염증이 있는 환자에게 주치의가 환자의 오른쪽 귀에 투약할 것을 지시했다. 그의 처방전에 'Place in R ear(오른쪽 귀에 투약하시오)'라고 적어 간호사에게 주었다. 당직 간호사는 그것을 'Place in Rear(항문에 투약하시오)'라고 읽고 귀에 넣어야 할 약을 항문에 넣었다. 귀에 염증이 있는 환자에게 항문에 투약하는 것은 아무리 생각해도 이해가 가지 않는 일이지만 환자나 간호사 어느 누구도 이 처방전에 이의를 달지 않았다.
>
> – 로버트 치알디니, 《설득의 심리학》

이런 우스꽝스러운 일은 단지 '권위 있는 전문가들의 말을 따르는 것이 좋다'라는 상식을 맹목적으로 믿기에 발생한다. 우리가 인문고전을 읽는 이유는 자신의 삶에 현명한 판단을 내리기 위한 통찰을 얻거나 인간 본성을 이해하여 합리적 판단을 하기 위해서다.

현명함이란 곧 자기의 판단에 대해 합리적이라 여기고 만족스럽게 여기는 마음이다. 합리적이라는 것은 최소한의 편견에서 벗어나 합리적인 선택을 한다는 것이다. 하지만 우리의 선택이나 결정은 논리적이거나 합리적이기보다 심리적인 경향이 매우 짙다. 인문학 공부를 할 때 권위의 법칙에 따라 선현의 위대한 글을 맹신하면, 현명한 적용은 어려워지고 삶을 위한 인문학이 아니라 지식을 채우기 위한 인문학에 머물 수도 있다는 말이다.

안타깝게도 화이부동의 정신조차 실천되지 않고, 사색당쟁으로 대부분의 시간을 허비한 불행한 역사를 우리는 갖고 있다. 합종연횡을 통해 집단이익을 찾기에 급급했던 역사다.

오늘날에는 사회 구성원 간의 복잡한 이해관계를 극도로 단순화하여 어떤 하나의 원칙 아래 강압적으로 통합시킬 수 없게 되어 있다. 따라서 개인은 다양한 문화와 개개인의 특성이 다르다는 것을 인정하고, 상호 인정의 바탕 위에서만 건강한 화해와 공존 그리고 상생의 가능성을 모색해야 한다. 끊임없이 공동체를 파괴하는 불협화음을 내는 '소인'의 세계가 아니라, 이해관계가 서로 다르지만 공동체 안에서 서로 화해하고 공존할 수 있다는 '군자'의 세계가 지금 우리에게는 절실하다고 느껴진다.

'화이부동'의 세계가 갖는 현재적 의미가 바로 여기에 있지 않을까 하고 생각해본다. 부익부 빈익빈을 당연시하면서 스스로 특권층이라 여기며, 필요에 의해 화이부동을 사용하는 사람이 있다면 그 마음속에는 뿌리 깊은 신분의 벽을 치고 살아가겠다는 의도가 숨어 있는 것이다. 과거 H그룹 회장이 청문회에서 "머슴이 뭘 알겠느냐"고 한 것과 땅콩 회항 사건은 이런 의식을 반영한다. 인문학 공부를 할 때 늘 깨어 있는 생각으로 공부해야 하는 이유가 여기에 있다.

─────── 제시된 방식의 현실성을 고려하자

이지성의 《리딩으로 리더하라》는 아인슈타인, 레오나르도 다빈치, 존 스튜어트 밀의 사례를 보여주면서 인문학의 정수를 완벽하게 소화하면 누구나 다음 세 가지 중 하나를 경험할 수 있다고 말한다.

> 1. 바보 또는 바보에 준하는 두뇌가 서서히 천재의 두뇌로 바뀌기 시작한다.
> 2. 그동안 억눌려 있던 천재성이 빛을 발하기 시작한다.
> 3. 평범한 생각밖에 할 줄 모르던 두뇌가 천재적인 사고를 하기 시작한다.
>
> — 이지성, 《**리딩으로 리더하라**》

아주 매력적인 이야기다. 독서 강의를 가면, "이 방법을 따라 어린 시절부터 인문독서를 하면, 평범한 우리 아이도 천재가 될 수 있나요?" 같은 질문을 받는다. 어떤 대답을 해주어야 할지 난감해진다. 아이가 천재가 되기를 바라는 부모의 기대와 사랑은 이해하지만, 혹여나 그 아이가 부모의 대리 욕구의 시험 대상이 될 수 있다는 생각도 든다.

인문학 개론서에서 추천하는 인문학 도서나 시카고대학교를 비롯한 유명 대학에서 추천하는 인문학 도서를 제대로 읽으면 아이가 천재가 될 수 있다고 하니, 따라 하고 싶은 마음이 드는 건 자연스러운 모습일 것이다. 누군들 방법만 있다면 그것을 따라 지금보다 훨씬 뛰어난 사람이 되고 싶고, 부모라면 아이를 천재로 키우고 싶을 것이다. 역설적인 사실은, 질문을 하는 부모는 대부분 평범한 아이를 두고 있다는 점이다.

이지성의 《리딩으로 리더하라》에 추천된, '시카고 플랜 추천 100' 도서목록을 한 번 보라. 어떤 생각이 드는가? 지금 느끼는 그 심정이 내 심정이다. 당신이 그런 심정일진대, 자녀에게 이 방법을 적용할 수 있을까?

과거 귀족들이나 현재 일부 학교에서 실시되고 있는 인문학 공부 방식을 현행 교육제도 내에서 추진하려니 혼란이 많을 것이다. 이론적으로 보면 타당성이 있는 것 같기도 하지만, 현실적으로 따라 하기에는 한계가 많다. 학교나 학원 진도를 무시하고 고전을 체계적으로 읽을 수 있는 자녀가 과연 얼마나 될까? 또한 제시된 도서들이 학생뿐만 아니라 어른들에게도 꼭 읽힐 만한 가치가 있는 것들인지도 의문이 든다.

이 정도 고전을 읽어내려면 상당한 배경지식을 필요로 한다. 그냥 열정으로 도전하기엔 무리가 있다. 그럼에도 현실적 어려움을 극복하고 그 길을 갈 수 있는 사람은 얼마가 될까? 이것이 곧 우리가 직면한 가장 근본적인 인문학 공부의 문제다. 준비되지 않은 자녀에게 어려운 고전들을 읽게 한다면, 책에도 언급된 사례가 있듯이 그중 여러 명은 아마 정신병 증상을 보일지도 모르겠다. 이상과 현실은 늘 이렇게 다르다. 그래서 살아가는 일이 답답하고 어려운 것이다.

1929년에 취임한 로버트 허친슨 시카고대학교 총장은 '인류의 위대한 유산인 인문고전 100권을 달달 외울 정도로 읽지 않은 학생은 졸업을 시키지 않겠다'는 시카고 플랜을 도입했다. 해가 갈수록 그 플랜이 성과를 거둬 당시 삼류 대학이던 시카고대를 하버드보다 더 많은 노벨상 수상자(73명)를 배출하는 세계적 명문으로 발전시켰다.

시카고대학교의 성공에 자극을 받아 현재 미국 내 160개 대학에서 인문고전 100권 독서 프로그램이 활발히 전개되고 있다. 이 영향으로 한국에서도 대학, 도서관 등에서 추천도서를 선정해서 인문고전 독서를 장려하고 있다. 하지만 선정한 주제가 얼마만큼 인문학 공부의 중요성을 반영하고 있는지는 현실적으로 별개의 문제다.

시카고대학교처럼 다른 전공 공부를 뒷전으로 하고 최우선으로 인문학 플랜을 실시할 수 있는 대학이 아직 한국에는 없다. 인문학 공부를 자기 의지 하나만으로 실천하기에도 어려운 점이 한두 가지가 아니라는 말이다. 지구의 환경 파괴나 인구 과잉으로 인간이 거주할 새로운 별을 찾아야 한다는 요구만큼이나, 《리딩으로 리더하라》에 제시된 텍스트와 '시카고 플랜'에서 제시된 텍스트를 실천하는 건 멀고도 먼 이야기일 수 있다. 어쩌면 이것이 현재 인문학 열풍에서 당신과 당신의 자녀가 겪게 되는 혼란이기도 하다.

사회적 증거의 법칙을 의심하자

흔히 무슨 책을 읽어야 할지 알 수 없을 때 베스트셀러 목록에 오른 책을 고르는 것처럼, 대중을 따라서 하려는 경향을 심리학에서는 '사회적 증거의 법칙'이라고 한다. 사회적 증거의 법칙은 대개 당신의 에너지를 빼앗아갈 가능성이 많다. 사회적 증거의 법칙을 맹신하면 유행만 좇다 소중한 삶을 낭비할지도 모른다.

'많은 사람이 하는 것=좋은 것'이라는 사회적 증거의 법칙은 군중의 심리를 이용한 소비전략으로 많이 활용되기도 한다. 인문학 열풍도 인문학이라는 산업을 만들어 사회적 증거의 법칙으로 활용되고 있지는 않은지 의심해볼 필요가 있다. 심지어 꽂꽂이에도 인문학을 붙인다.

자주 듣게 되는 "인문학 좀 하세요?"란 질문에는 유행을 잘 따르고 있는지를 알아보겠다는 의도가 담겨 있다. 인문학 공부의 당위성을 찾지 못했음에도, 당신이 이런 질문을 받을 때 부끄러운 생각이 든다면 인문학 열풍에 동참할 가능성이 높은 사람이다. 다른 한편 인문학 공부에 대한 당위성을 가지고 있다면, 대화의 내용 또한 달라질 것이다. '인문학이 별건가? 우리 삶이 다 인문학이지'라고 생각한다면, 당신 삶 자체가 인문학인 것이다.

일반인이 인문학을 너무 어렵게 생각하는 이유는, 그것을 전공한 학자나 관심을 가진 소수만 할 수 있는 것으로 예단하기 때문일 수 있다. 이런 선입견을 가지고 인문학을 대하면, 공부는 고사하고 생각만 해도 머리가 무겁고 가슴이 답답해질 것이다. 주눅이 들면 좌절감만 생기게 된다. 인문학책 몇 권 사서 읽다가 무슨 말인지 몰라 책꽂이에 꽂아두고 먼지만 쌓여가는 것을 볼지 모른다.

인문학에 접근하는 방식에는 인문학적 텍스트에 접근하는 것과 인문학적 사고로 좋은 삶을 실천하는 것으로 구분할 수 있다. 접근방식을 나누어보는 것만으로도 우리는 인문학을 어떻게 받아들여야 할지 기준을 얻을 수 있다. 둘 다 상호보완적인 측면이 있지만, 양자가 분리된 것은 아니다. 인문학 텍스트에 능통하면서도 인문학적 삶과는 거리가 먼 행동으로 살 수도 있고, 텍스트에 대해서는 무지하면서도 인문학적 삶을 훌륭하게 살아갈 수도 있다. 또한 텍스트도 모르고 좋은 삶도 살지 못하는 경우도 있을 것이다.

당신이라면 어떤 선택을 하고 싶은가? 인문학적 삶이란 이성과 감성을 조화롭게 하여 4대 성인이 말한 사랑을 실천하고, 진선미를 생활 속에서 실천하는 삶이다. 당신이 이와 같이 실천적 삶을 살고 있다면 《논어》나 《소크라테스의 변론》 등을 모른다고 하더라도, 인문학적 소양을 가진 사람이라고 해도 틀린 말은 아니다. 그렇다면 인문학 열풍이 불든 말든 지금처럼 쭉 살아가면 된다. 만사형통이다.

인문학적 소양은 있으나 인문학적 행동이 없는 삶을 산다면 당신에게 인문학은 공허한 말장난에 불과한 것일 수도 있다. 실천이 전제되지 않는다면 현학적인 인문학 텍스트를 읽고 논하는 것으로 인문학을 하고 있다는 착각에 빠질 수도 있다는 뜻이다.

인문학이 전해주는 핵심은 복잡하지 않고 의외로 간단하다. 인문학적 삶이란 인문학이 출발한 당시 그리스에서 '폴리스의 시민으로서 훌륭하게 잘 살기 위해 배워야 할 지혜'에 관한 것이었다. 위대한 문학과 역사책을 읽어야 하고, 철학의 사조와 개인 철학자의 개념을 이해하고, 예술가들의 작품을 이해하는 것이 인문학의 전부가 아니었다는 얘기다. 이런 점에서 당신에게 인문학적 행동이 없는 인문학 공부는 자칫 잘못하면 지적 유희나 지적 허영을 채우는 액세서리로 전락할 수 있다는 점을 주목해야 한다. 당신이 인문학을 공부하려고 할 때 텍스트 위주보다는 개인의 정체성과 인간의 보편적인 흐름을 이해하는 측면으로 접근해야 하는 이유가 여기에 있다.

인문학 텍스트에 대한 다양한 논의는 사실 일반인의 관심과는 거리가 있다. 엘리트(지식인, 지성인)의 역할과 일반 시민의 역할이 꼭 같을 필요는 없기 때문이다. 그렇다면 지금 당신에게 부여된 인문학적 요구는 무엇일까? 다음 질문에서 그 답을 찾아보자.

'삶의 허무주의를 어떻게 받아들일 것인가?'

'보편적인 도덕 기준이 무너지고 있는 사회에서 어떤 행동을 하고 자녀들에겐 어떤 기준을 제시해주어야 하는가?'

'실존적 소외를 극복하기 위해 당신은 마음 밭을 어떻게 갈아야 하는가?'

'봄철 미나리처럼 자르고 자르더라도 자라나는 욕망을 어떻게 다루어, 다른 사람과 비교하는 삶에서 벗어날 수 있을까?'

'절대 성장 시대의 향수를 버리고, 어떤 삶의 태도로 감속 시대와 불황 시대를 슬기롭게 넘어갈 수 있을까?'

'현재의 지위 불안과 노후 불안, 자식 뒷바라지에 소진되지 않고 자기다운 삶을 살 방법은 무엇인가?'

이상의 질문들에 당신다운 답을 갖고 행동하는 것이 인문학적 삶이다. 당신은 이 질문이 이해되었는가? 이해되지 않았다면 좀더 쉬운, 생활 속에서 느낄 수 있는 단어로 바꾸어보겠다.

'노력해도 나아질 것이 없는 불평등한 세상을 어떻게 받아들여야 하는가?'

'어른 아이 할 것 없이 모두 돈에만 미쳐, 다른 사람에 대한 예의도 없는 세상에서 어떤 기준을 가지고 하루를 살 것인가? 겨우 생존을 해결할 돈만 가진 사람이라면 뭔가 대책은 가지고 있는가?'

'뭔가 열심히 하는데도 왜 돌아서면 사는 게 외롭고 허전할까?'

'친구가 차를 바꿨다는데 축하해주면서도 왜 내가 작아 보일까? 옆집 언니가 명품백을 들고 다니는데, 나는 그것이 없어도 괜찮다고 하면서 왜 남편의 무능을 탓하게 될까?'

'남편의 수입은 제자리인데, 늘어나는 자식 교육비와 생활비를 나

는 어떻게 조정하고 살아야 할까?'

'자식은 뼈가 부서지도록 일해서 지원을 해줘도 미래가 보이지 않는데, 언제쯤 자식 걱정을 버리고 부부의 삶에 집중할 수 있을까?'

단어를 바꾸었음에도 여전히 이해하기 어려운가? 그렇다면 이 글을 읽고 있는 당신에게 문제가 있는 것이 아니라 이 글을 쓰고 있는 내게 문제가 있는 것이다. 어려운 것은 당신이나 나나 다 싫어한다. 그러니 더 간단히 말해보자.

'밥 세 끼 해결하고 만족스러운 삶을 살기 위해 어떤 기준을 가져야 하는가?'

'세상이 요구하는 유행에서 한 발 물러나 살아갈 방법을 가지고 있는가?'

'내 삶과 자식의 삶이 모두 만족스럽기 위해서는 어떤 독립적 삶의 방식이 필요할까?'

그래도 이해가 안 된다면 나도 모르겠다. 어쨌든 이런 것들이 일반인에게 절실한 인문학적 요구다. 이 말이 어느 정도 타당하다고 가정한다면, 인문학적 삶을 살기 위해서 당신이 꼭 인문학적 텍스트를 읽어야 한다는 스트레스를 받을 필요는 없다. 그렇지 않은가?

문자가 발명된 이후로 세상은 하루가 다르게 복잡해지고 있다. 생각이 많은 사람은 자기 생각을 담은 그릇을 세상에 책으로 남긴다. 그 책은 어떤 이에겐 즐거움으로, 어떤 이에겐 고통으로 여겨진다. 결론은 이렇다. 스스로 우리 삶을 돌아볼 수 있고(사색과 성찰), 무엇이 나답지 않은지 거품을 빼내고(비교하는 삶을 버린다), 독립적이고 주체적인 삶의 방식으로 전환해야 한다(그러자면 원칙이나 신념도 있으면 좋겠다). 그리고 일일일선을 실천할 수 있는 자세(너무 간단하다. 다른 사람의 수고에 대한 인사, 친한 사람 간의 격려 한마디, 연장자에 대한 양보, 어린이에 대한 배려)로 타인과 세상에 피해 주는 행동을 하지 않으면 그것이 곧 인문학적 삶이 아니고 무엇이겠는가?

입만 열면 인문학 텍스트를 줄줄이 꿰면서도 인문학적 삶을 살지 못한다면, 그 또한 지식산업과 유행산업의 희생자가 될 수 있는 것이다. 인문학적 삶이란 이런 진실과 허위를 구분하는 기준으로 작용한다. 어려운 인문학적 텍스트나 용어를 모르더라도 주위에 있는 외로운 사람에게 따뜻한 한마디 위로를 건넬 수 있다면 그게 인문학적 삶이라 해도 좋다.

하지만 이론과 실천이 결합된 한 차원 높은 인문학에 접근하고자 한다면, 쉽게 읽히는 책보다는 조금 어렵더라도 고전에 도전하는 것도 의미 있는 공부가 될 것이다. 하나의 텍스트를 정해서 읽고 느낀 바를 다른 사람과 토론할 수 있다면, 혼자 읽는 것보다 사고를 훨씬 더 폭넓게 할 수 있다.

한편 인문학 강의를 들을 땐 '저 사람은 저 지식으로 먹고사는구나'

라고 의심하면서 당신에게 필요한 부분, 소화할 수 있는 내용을 받아들여 삶에 실천하면 될 것이다. 이해할 수 없는 내용을 억지로 이해하려고 할 필요는 없다. 그러면 모처럼 시작한 공부가 즐거움이나 실천에 도움이 되는 것이 아니라 옥상 위에 또 옥상을 만드는 것이 될 수도 있기 때문이다.

이 단계에 이르면 고민할 부분이 별로 없을 것이다. 일반인이 인문학에 대해 잘 알지도 못하고, 시간만 낭비했다고 좌절감을 느끼는 것은 실체도 없는 용 같은 것을 자꾸 가슴에 안고 신봉하기 때문인지도 모른다. 그러니 근거도 없고 실체도 없고, 말장난 같은 용을 매일 죽이면 마음이 한결 편해질 것이다. 또한 지적 평등에 대한 욕망을 내려놓는 것도 현명해지는 방법 중 하나다. 이런 노력이 결국에는 당신만의 독특함을 완성해가는 데 기초가 될 것이다.

긴급한 일이 아니라 중요한 일에 집중하자

태어나서 죽음에 이르는 인생 여정은 시간으로 이루어져 있다. 시간을 당신 중심으로 효과적으로 이용하는 일, 이것이야말로 가장 절박한 문제다. 왜냐하면 모든 것이 시간을 어떻게 자기 중심으로 활용하느냐에 따라 결정되기 때문이다. 성공한 인생, 위대한 인생, 좋은 삶을 사는 인생도 여기에 달려 있다. 따라서 임계점 돌파를 통해 전문가적인 삶을 살기 위해서는 시간의 특성을 깨닫고, 시간 속에서 자기를 창조하기 위한 공부가 되도록 해야 한다. 그것은 곧 집중의 문제와 깊은 관련이 있다.

한 나무꾼이 숲에서 땀을 뻘뻘 흘리며 톱으로 나무를 베고 있었다.

지나가던 사람이 일하는 그를 보고 말했다.

"톱날이 엉성한 것 같은데 날을 갈고 나무를 베는 것이 낫겠소."

그러자 나무꾼이 대답했다.

"바빠서 톱날 갈 시간도 없소."

도대체 왜?《성공하는 사람들의 7가지 습관》의 저자 스티븐 코비는 이를 두고, "여러분은 운전하느라 바빠서 주유소에 갈 시간이 없었던 적이 있는가?"라고 지적한 적이 있다.

스펙과 지식이 자본이 되지 못하는 사회에서 이 어리석은 나무꾼처럼 장기적 계획도 없이 그저 부지런히 공부만 해서는 곤란하다. 부지런하게 뭔가를 했음에도 여전히 평범함을 벗어나지 못하고 있거나 실패하고 있다면 방법을 새롭게 해야 한다. 주도적인 삶을 사는 사람들은 시간을 집중해서 사용하는 것과 분주함을 혼동하지 않는다. 그들은 열심히 하는 것만으로는 위대함에 닿을 수 없다는 것을 잘 알고 있다. 그들은 중요한 일과 바쁜 일을 가려내서 중요한 것을 선택한 후, 몰입하고 집중하는 삶의 방식을 취하는 데 능숙하다.

당신에게 중요한 일이란 당신 인생에서 가장 중요하다고 여기는 가치를 찾아 인생을 획기적으로 개선할 수 있는 활동이어야 한다. 만일 중요한 일이 공부라면 핵심 분야 찾기, 강좌 참여, 관련 분야 독서, 독서포럼 참여, 전문가에게 배우기 등에 시간을 집중적으로 투자해서 임계점 돌파를 한 후 전문가가 되는 길을 가야 한다.

하지만 보통 사람들의 하루는 어떠한가? 중요한 일보다는 긴급한 일로 둘러싸여 있다. 긴급한 일이란 즉시 결과를 알 수 있는 일상적인 일들이다. 생존을 위해 해결해야 할 많은 일들이 늘 있기 마련이고, 그 외에도 스마트폰으로 정보 조회하기, 밴드·카톡·페이스북 활동하기, 쇼핑하기, 게임하기 등도 있다. 그중 대부분은 하지 않는다고 하더라도 살아가는 데 큰 문제가 되지 않는 활동들이다. 따라서 당신의 하루는 긴급성과 중요성 사이에서 끊임없이 갈등하는 시소 게임이라 말해도 좋다.

그라시안의 말처럼 "세상 만물은 우리가 올바른 선택을 할 수 있도록 가만히 놓아두지 않는다." 하지만 긴급한 일만 계속해서는 당신이 원하는 올바른 선택과 집중을 할 수 없다. 장기적으로 집중해야하는 일이란 곧 당신이 '태어나서 꼭 한 번은 해보고 싶은 일'과 관련되어야 한다. 그런 면에서 집중한다는 것은 화려한 백화점 진열장에서 당신에게 꼭 필요한 하나를 선택하고 다른 모든 것을 무시하거나포기하는 것을 의미한다.

당신에게는 지금 당장 필요하진 않지만 미래를 위해 꾸준히 공부하고 있는 분야가 있는가? 선택한 분야의 공부를 장기적이고 구체적인 계획에 의해 집요하게 도전하고 있는가? 이런 준비가 없는 삶을 살고 있다면 당신의 하루는 대부분 긴급한 것을 처리하다가 소진될지도 모른다. 중요한 일을 반드시 이루고자 한다면 긴급한 일과 마찰이 빚어지는 것을 당연하게 여겨야 한다. 심지어 남이 비난하거나 비웃더라도 지나치게 반응하지 않는 용기까지 필요하다.

중요한 일을 선택해서 집중하지 않는 한 위대한 결과가 이루어진 경우는 없다. 하물며 평범한 사람이라면 더욱 그렇다. 중요한 일을 찾아서 임계점 돌파를 위해 집중하는 것이야말로 다가올 미래 사회에 가장 믿을 만한 자산이 될 것이다. 공부를 계속해왔음에도 인생이 크게 달라지지 않았다면, 선택과 집중의 방식에 문제가 없는지 점검해보아야 한다. 목적이 불분명하거나 방법이 잘못되었음에도 놀라운 성과를 이루는 일은 없다.

당신이 공부를 통해 얻고자 하는 궁극적인 목적은 무엇인가? 당장 결과가 눈에 보이지 않더라도 당신이 중요하게 여기는 것의 가치를 높여가는 것, 작가의 사유와 당신 삶과의 간극에 대해 질문하고 답하는 과정, 지혜를 찾기 위해 고독을 견뎌내는 것, 위대한 사람들이 그만의 독특함을 만들어냈던 1퍼센트의 방식을 이해한 후 그 위대한 1퍼센트 중 0.001퍼센트라도 당신의 삶에 피와 살이 되도록 접목하고자 하는 집중과 집요함일 것이다. 저자의 권위에 주눅 들지 않고 그 속에서 당신만의 독특함을 조금씩 만들어가는 임계점 돌파의 과정이 당신에게 긴급하진 않지만 중요한 일이 되어야 한다.

집중적으로 공부할 시간을 만드는 다섯 가지 방법

그렇다면 긴급하지 않지만 중요한 일을 선택하고 집중적으로 공부할 수 있는, 임계점 돌파를 위해 당장 실천할 수 있는 방법들을 알아보자.

첫째 | 전화기를 통제한다

전화기는 세상과 소통하기 위한 수단이다. 하지만 수단에 지나치게 의존하면 삶의 목적까지 침해당할 수 있다. 따라서 하루 중 전화기를 만지지 않는 시간을 정해둔다. 출근 후 1시간, 점심시간 후 1시간 등 정해둔 시간에는 진동으로 해두고 아주 긴급한 전화가 아니라면 받지 않는다고 규칙을 정하는 것이다. 좀더 용감한 방법은 전화기 전원을 꺼두는 것이다. 또한 평일 오후 8시 이후에는 될 수 있는 대로 전화를 받지 않는 것, 주말에 전화를 받지 않는 것도 중요한 일에 집중할 수 있는 좋은 방법이다.

중요하지 않은 SNS 기능은 탈퇴하거나 단절하고, 필요한 SNS도 알림 꺼짐 설정을 해서 여가시간에 잠깐 확인하는 방식으로 관리하면 된다. 댓글에 지나치게 반응하지 않는 것도 삶의 집중도를 높이고 긴급한 일에 에너지를 뺏기지 않는 좋은 방법이다. 중요한 일에 집중하기 위해서는 SNS 접속 자체를 단절하는 것도 하나의 방법이다.

스마트폰 사용시간이 점점 늘어가는 시대에 하루 중 일정 시간 전화기를 통제하는 것만으로도 당신은 중요한 일에 집중할 시간을 얼마든지 확보할 수 있다. 중요한 일이 없기에 점점 긴급한 일에 더 많은 시간을 보내는 것이 아닌지 수시로 자신에게 질문하는 습관을 들이자. 모든 업무가 스마트폰으로 이루어진다고? 그래도 한시적으로 단절할 수 있는 시스템을 만들어보자. 질문하고 답하는 과정이 있는 생각은 지혜를 만든다.

둘째 | 사람을 통제한다

사람을 통제한다는 말에 반감이 들 수도 있을 것이다. 하지만 사람 속에서 실존의 의미를 찾을 수 있다면 좋겠지만, 사람으로 인해 에너지가 소진되고 상처가 많다면 사람조차 통제해야만 중요한 일에 집중할 시간을 확보할 수 있다.

일테면 집으로 돌아올 때 '만나지 않아도 되었는데' 하고 후회되는 만남은 통제할 수 있는 관계다. 체면치레, 경조사, 지나친 호기심, 눈도장 찍기, 불필요한 통화, 각종 모임, 불필요한 참견 등 지나고 나면 '내가 아니어도 됐는데…' 하고 후회할 일을 20퍼센트만 통제하더라도 1년으로 보면 엄청난 집중 시간을 확보할 수 있다.

주도적인 삶을 사는 사람일수록 인간관계를 자기 중심으로 재편한다. 성숙한 자존심을 가진 사람은 사람들 속에 있지 않더라도 외로움을 덜 탄다. 그들에겐 자신을 증명하기 위해 노력하지 않아도 되는 소수의 사람만으로도 충분하기 때문이다.

셋째 | 취미를 통제한다

삶의 질을 위해 문화생활을 장려하는 풍토가 널리 퍼져 있다. 그러다 보니 취미활동을 하거나 여행을 하는 것이 문화생활의 척도로 인식된다. 취미활동이 비즈니스와 결합되고 가족의 요구까지 반영되면 시간이 이만저만 소요되는 게 아니다. 골프, 캠핑, 동호회 활동 등은 의외로 많은 시간을 뺏어가는 하마가 될 수 있다.

사회적 분위기, 남들이 하는 것에 당신도 참여해야 한다는 방식으로는 곤란하다. 취미조차 통제할 수 있어야 집중할 시간을 확보할 수 있다. 진정으로 당신이 좋아하는 중요한 일에 집중할 수 있다면 대부분의 사람이 유행처럼 참여하는 활동에 굳이 끼지 않더라도 전혀 소외감을 느끼지 않게 된다. 어쩌면 당신이 집중할 수 있는 뭔가가 없을 때 대중문화에 동참함으로써 자신의 실존을 확인하려고 하는지도 모를 일이다. 때론 핑계의 대상이 가족이나 지인일 수도 있다는 말이다.

넷째 | 집안에 자기만의 공간을 확보하자

가정에서 당신만의 공간을 확보하게 되면 중요하게 생각하는 공부를 꾸준히 집중적으로 할 수 있다. 만일 집안에 당신만의 공부 공간이 없다면 시간이 남더라도 신문을 보거나 TV를 켜서 볼 수밖에 없고, 스마트폰과 애인 관계가 되기 쉽다.

하지만 아주 작은 공간이라도 당신이 공부할 수 있는 책걸상이 마련되어 있다면 언제든지 중요한 공부를 계속할 수 있다. 당신만의 공간을 갖게 되면 자기와의 대화를 통해 인생에서 정말 중요한 일이 무엇인지 수시로 성찰하는 습관을 갖게 된다. 공부하는 모습을 보면 가족도 더 좋아하게 될 것이다. 자기 방을 쓸 여건이 안 된다면 베란다에라도 칸막이를 해서 자기 공간을 마련하자.

다섯째 | 주기적으로 도서관에 가라

집에서 집중적으로 공부하는 것이 여건상 어려운 사람도 많을 것이다. 그런 사람은 휴일이나 주말에 반드시 도서관에 가는 것을 습관화하면 된다. 시험 공부를 하는 사람처럼 열람실을 이용하지 않더라도 주말 이틀만 잘 활용해도 16시간(9~18시)을 공부에 쓸 수 있다. 요즘은 밤 10시까지도 공부할 수 있는 도서관이 많아졌다.

혼자 가기 어렵다면 가족과 함께 가면 된다. 마음먹고 한다면 휴식 시간, 점심시간, 가족과 함께 놀아주는 시간을 빼더라도 주말에 10시간은 쉽게 확보할 수 있다. 1주에 10시간씩 1년(40주)만 도서관으로 꾸준히 출근한다면 400시간의 공부 시간이 생긴다.

400시간이면 쉬는 시간 없이 하루 12시간씩 33일을 계속 공부하는 셈이다. 이 시간을 10년간 투입한다면 하루 12시간씩 330일을 쉬지 않고 집중적으로 공부하는 절대시간이 된다. 이처럼 효과적인 방법이 더해지면 임계점 돌파하기는 그렇게 어려운 것이 아니다. 나 역시 그 습관을 통해 현재의 나로 존재하게 되었다.

부지런히
흔적을 남겨라

독서를 할 때에는 어떻게 해야 하느냐? 한번 죽 읽고 버려둔다면 나중에 다시 필요한 내용을 찾을 때 곤란하지 않겠느냐? 그러니 모름지기 책을 읽을 때에는 중요한 내용이 있거든 가려 뽑아서 따로 정리해 두는 습관을 길러야 할 것이다. 이것을 '초서(抄書)'라고 하는 것이다. 허나 책에서 나한테 필요한 내용을 뽑아내는 일이 처음부터 쉬운 일은 아닐 것이다. 먼저 마음속에 무엇이 중요하고 무엇이 필요한 내용인지를 판단할 수 있는 일정한 기준이 있어야 하지 않겠느냐? 곧, 먼저 나의 학문에 뚜렷한 주관이 있어야 하는 것이란다. 그래야 마음속의 기준에 따라 책에서 얻을 것과 버릴 것을 정하는 데 곤란을 겪지 않을 것이야. 이런 학문의 중요한 방법에 대해서는 앞서 누누이 말했는데 너희가 필시 잊어버린 게로구나. 책 한 권을 얻었다면 네 학문에 보탬이 되는 것만을 뽑아서 모아둘 것이며 그렇지 않은 것은 하나같이 눈에 두지 말아야 한단다. 이렇게 하면 100권의 책도 열흘간의 공부에 지나지 않을 뿐이다.

– **정약용, 《아버지의 편지》**

다산 정약용은 공부를 할 때 자기만의 방법을 시스템화하는 것이 얼마나 위대한 결과를 만들 수 있는지를 보여준 대표적인 인물이다. 그가 임계점 돌파를 위해 사용한 공부 방법은 정독(精讀), 질서(疾書), 초서(抄書)였다.

'질서'란 책을 읽다가 깨달은 것이 있으면 잊지 않기 위해 적어가며 읽는 것을 말한다. 즉 메모하며 책을 읽는 방법이다. 당신도 임계점 돌파하기 공부를 통해 전문성을 드러내길 바란다면, 언제 어디서나 메모할 수 있는 시스템을 갖추고 떠오르는 생각이나 깨달음을 잊지 않기 위해 재빨리 적어야 한다. 질서는 학문의 바탕을 세우고 자기 의견을 확립하는 데 도움을 주는 자발적이고 적극적인 공부 방법 중하나다.

다산은 흔들리는 배 위에서도 쉴 새 없이 붓을 들어 메모하고 또 시를 지었을 정도로 공부가 생활이 된 치열한 삶을 살았다. 특히 경전 공부를 할 때 의심했던 부분에 대한 답을 얻게 되면 그 순간 놓치지 않고 기록했다고 한다. 다산에게 질서의 과정은 곧 임계점을 돌파해서 자기개념으로 나아가는 전문가나 대가가 되는 공부법이었던 것이다.

'초서'란 책을 읽다가 중요한 구절이 나오면 이를 베껴 쓰는 것을 말한다. 아들 학유에게 보낸 편지에서 초서의 방법을 자세히 말하고 있다. 다산은 초서를 할 때 주제 정하기, 목차 정하기, 뽑아서 적기, 엮어서 연결하기의 4단계를 거쳤다. 거기에 자신의 경험을 더하면 하나의 작품이 된다. 이 방법으로 다산은 수많은 저술을 남겼다. 많은 작가들 또한 이와 유사하거나 변형된 방법으로 책을 저술한다.

만약 당신이 독서를 많이 했음에도 전문성을 드러내지 못한다면 정독하지 않았고, 질서하지 않았으며, 초서하지 않았기 때문일지도 모른다. 즉 게으른 독서를 하거나 잘못된 독서를 한 것이 원인일 수 있다는 얘기다.

당신이 독서를 통해 임계점을 돌파해서 전문성을 세상에 브랜딩하기 위해서는 책을 읽는 효과적인 방법을 배우는 것은 물론이거니와 당신에게 적합한 방법을 적용하려고 집요하게 노력해야 하고, 그 과정에서 당신만의 비법을 만들어내야 한다. 그래야 당신은 세상과 다른 사람들에게 당신만의 경험이 담긴 노하우를 전해줄 수가 있다. 그때 세상은 당신을 전문가로 찾아준다.

《미쳐야 미친다》, 《다산선생 지식경영법》의 저자 정민 교수를 보면 정약용의 초서를 생활에서 참으로 잘 활용하고 있는 분이 아닌가

하는 생각이 든다. 그래서 그는 대학교수라는 직업의 세계를 넘어 사회에 영향을 주는 대가가 되었다.

——— 생각할 시간이 줄어들고 있다

고용사회가 사라져가고 디지털 세상이 도래하면서 과거보다 생각의 힘이 더 중요한 시대가 되었다고 한다. 하지만 생각의 힘은 강화되기는커녕 인간의 꼬리뼈처럼 점점 퇴화되어가고 있다. 비주얼에 익숙하고 감각적인 것들이 판을 친다. 그 사람의 특징을 말해주는 생각할 수 있는 여백이 줄어가는 만큼 개인의 주도적인 힘도 대중문화에 빨려들어 간다.

〈무한도전〉 같은 인기 있는 예능 프로그램이 그런 증상을 잘 보여준다. 청각장애인을 돕기 위한 자막은 영상기술과 결합하여 대중을 거의 생각할 필요가 없는 바보로 만들어버린다. 심지어 등장인물들이 나눈 말보다 더 많은 자막이 화면에 쏟아진다. 출연자의 말과 자막을 정신없이 따라가다 보면, 다른 생각을 할 틈조차 없다. 그래서 정작 자기의 독특한 생각을 드러내야 할 때 할 말을 잃는다.

그러다 보니 지하철이나 버스를 타고 있는 사람은 물론, 거리를 걷는 사람들조차 죄다 스마트폰에 눈을 떼지 못한다. '인터넷 환경 세계 최고'가 '디지털 소비 최고'의 나라로 변색되어간다. 최고의 환경이 새로운 산업의 창조자를 만드는 것이 아니라, 추격자나 소비자로 전락시키고 있을 뿐이다. 또 그러다 보니 다른 사람과 대화를 하거나 공부를 할 때 메모하는 사람이 점점 줄어간다. 디지털의 발전은 눈과 귀를 만족시켜주는 만큼 생각의 뇌를 퇴화시켜버렸다. 우리는 우리도 모르는 사이에 보는 것이 많아져서 생각이 게을러지고 말았다. 그럼에도 세상은 창의적이고 상상력이 있는 인재를 찾는다. 참 이상한 일이지 않은가?

이런 역설적인 시대에 당신이 원하는 삶을 살기 위해서는 무거움과 가벼움이 동시에 필요하다. 살아가는 것이 너무 심각하여 무겁기만 하다면 답답하고, 너무 가볍기만 하다면 경망스러울 수 있다. 두 가지가 적절하게 조화를 이룰 때 우리 삶 또한 주도성을 회복할 수 있을 것이다. 즐거움을 주는 쪽으로 너무 가다 보니 가벼움 쪽으로 저울추가 너무 기울어져 버렸다.

그래서 현대인들은 비타민 부족처럼 창조적인 생각의 결핍을 일으킨다. 지식의 결핍에선 해방되었는지 모르지만, 정작 인생의 고민 앞에서는 이전 세대 사람들보다 훨씬 생각의 깊이가 얕은 인간형이 되었다. 그러다 보니 깊이 있는 대화는 삶에서 밀쳐지곤 한다. 순간적으로 즐거우면 만사형통이 되는 경향을 보인다.

책을 읽을 때조차도 편리함이 권장된다. 읽기는 하되 표면적인 세계 너머의 상상력과 통찰을 얻으려고 노력하지 않는다. 그래서 책을 읽고 나서도 남는 것이 없다는 한탄을 자주 하게 된다. 임계점을 돌파하려는 집요하고 절실한 노력이 생략된 채 빠른 성과만을 탐하는 욕망의 노예가 되어가고 있다.

카이사르, 다빈치, 에디슨, 링컨, 빌 게이츠, 안철수. 이들의 공통점은 성공 비결이 '메모하는 습관'이었다는 것이다. 메모는 당신의 생각을 세상에 드러내는 위대한 창조물이다.

메모를 하는 이유는 무엇일까? 사람의 기억력에는 한계가 있다. 기억하고 있다고 확신하지만, 사실은 그렇지 않을 때가 더 많다. 그래서 현명한 사람들은 메모를 한다. 아이디어나 좋은 생각은 기록하지 않으면 금세 사라져버린다. 단편적인 기억들을 메모해서 잘 모아두면 언젠가 생산적으로 사용할 수 있는 기회가 오기 마련이다.

당신은 책을 읽지 않더라도 메모하는 습관을 들일 수 있다. 하지만 매일 비슷하게 생각하고 산다면 메모할 내용이 빈약해진다. 당신의 독특함은 좋은 메모로부터 출발하는데 그러기 위해서는 '생각할 거리'가 필요하다.

책을 읽으면 대가들이 전하는 무수한 '생각할 거리'와 만나게 된다. 그러자면 빨리 읽으려는 조급함을 버려야 한다. '생각할 거리'가 주는 깊이 있는 생각들과 통찰을 수시로 메모하면서 읽을 수만 있다면 생각의 깊이가 도약하여 임계점을 돌파하게 될 것이다. 그 깊이 있는 생각이 당신의 전문성이 된다.

역사상 천재로 불렸던 인물 중 300명의 일상습관을 조사한 캐서린 콕은 그들의 공통점을 찾는 데 성공했다고 한다. 처음에는 성격을 조사했지만 뾰족한 공통점을 발견할 수 없었다. 어떤 사람은 종일 일을 했지만 어떤 사람은 한가롭게 명상에 빠져 지내기도 했다. 그러다 마침내 공통점을 발견했는데, 바로 떠오르는 생각을 종이에 기록하는 습관을 갖고 있다는 것이다.

일례로 링컨은 모자 속에 항상 종이와 연필을 넣고 다니면서 갑자기 떠오른 생각이나 남한테 들은 말을 즉시 기록하는 습관을 가지고 있었다. 덕분에 정규 학교에 다녀본 적이 없었지만 훌륭한 정치가가 될 수 있었다. 그런가 하면 슈베르트는 때론 식당의 식권에, 때론 입고 있던 옷에 그때그때 떠오른 악상을 적어 아름다운 곡을 남길 수 있었다고 한다.

그런가 하면 1,902건의 발명 특허를 얻은 에디슨 역시 메모광이었다. 그의 연구실에서 발견된 발명 메모가 무려 노트 3,400여 권에 달한다고 하니 경이롭기까지 하다. 이노 디자인의 김영세 사장 또한 냅킨에 아이디어를 메모하는 것으로 유명하다.

다른 사람 이야기는 이 정도로 하고, 당신은 어떤가. 당신은 오늘 하루 어떤 메모를 통해 창의력을 세상에 드러낼 수 있도록 노력했는가? 메모할 거리가 없었다면 당신은 어제와 같은 삶을 사는 사람일 수도 있다.

메모의 또 다른 장점은 잠재의식을 깨운다는 점이다. 메모는 생각의 기록이다. 머릿속에 떠오른 생각을 기록하는 행위는 지적 자산을 높이는 동시에 잠재의식을 일깨운다. 이처럼 메모는 단순히 무언가를 적는 행위를 넘어선다. 삶의 진지함이 없을 때 메모는 삶에서 멀어진다. 사람은 본 것과 들은 것을 이야기하거나 글로 표현할 때 가장 잘 기억할 수 있다. 좌뇌와 우뇌가 활성화되기 때문이다. 자기계발 전문가 브라이언 트레이시는 "인생에서 성공한 사람들에게는 공통점이 있다. 그것은 목표를 메모로 정리하는 습관이다"라고 했다. 긍정적이고 열정적인 사람은 자기 일에 보람을 느끼고 효과적으로 하고자 노력하는데, 그 출발이 바로 메모다. 뭔가 몰입해 메모하는 사람을 보면 허투루 사는 사람이 아니라는 신뢰가 느껴진다.

공부를 즐기는 당신이라면 책을 읽는 과정에서 생각의 여백을 정리하는 습관을 들이면 좋겠다. 정리하는 습관에는 메모하고 초록하는 방법이 으뜸이다. 그렇게 해야 무엇을 읽었는지 핵심을 파악할 수 있고 임계점을 돌파해서 전문가가 되는 목적적인 독서가 이뤄지기 때문이다. 책을 읽으며 기억에 남기고 싶은 부분을 적으면 읽고 난 후 많은 정보를 얻을 수 있고 기억에도 더 오래 남는다. 지식이 평준화되는 시대에는 당신만의 생각을 어떻게 재활용하여 재생산해내느냐가 무엇보다 중요하다.

창조란 기존의 것들을 해체하고 재구성한 것의 결과물이다. 메모와 초록의 습관은 새로운 창조를 위한 생각의 바다가 된다. 아는 것이 힘인 시대는 갔다. 정보의 홍수 속에서 양질의 정보를 선별하고, 그것으로 새롭고 유용한 지식을 생산해낼 수 있어야 한다. 그래야만 임계점을 돌파해서 전문가로서의 당신을 세상에 드러낼 수 있다.

메모하고 초록하며 읽는다는 것은 필연적으로 쓰기와 연결된다. 이는 읽기가 쓰기라는 결과를 낳을 때 공부의 효과가 극대화된다는 것을 의미한다. 따라서 책을 읽을 때 계획을 세우고 방법을 연구하면서 읽는 사람은 미래의 작가가 될 가능성이 크다고 할 수 있다. 작가는 쓰는 사람인 동시에 많이 읽는 사람이기 때문이다.

————— 메모의 여섯 가지 장점

독특함과 전문성을 드러내게 해줄 메모와 쓰기의 여섯 가지 장점을 알아보자.

첫째 | 오감이 작동한다

눈으로 읽는 것은 시각적인 활동만을 가져다주지만, 쓰기는 오감을 동시에 자극해서 읽기에서 느끼지 못한 새로운 것들을 창조해낸다. 첫 단계가 메모라면, 두 번째 단계가 초록이고, 마지막 단계가 자기만의 글을 쓰는 것이다.

둘째 | 작가의 생각에 더 가까이 다가설 수 있다

책을 읽을 때 감명 깊은 구절을 읽으면 세 가지 반응이 나온다. 일반적인 독자는 멋지다고 감탄하면서 넘어간다. 조금 정성을 기울이는 독자는 멋진 구절에 줄을 긋거나 표시한다. 인생을 바꾸는 독자는 멋진 구절을 초록한다. 당신은 어떤 독자인가? 이지성 작가는 14년간의 초록이라는 집중적인 노력을 통해 임계점을 돌파하고 유명한 작가가 되었다.

셋째 | 의식과 무의식의 결합이 일어난다

쓰는 과정의 멈춤 속에서 의식과 무의식의 지속적인 교류작용이 일어난다. 걷다가 갑자기 아이디어가 떠오르는 과정과 같다. 읽다가 작가의 생각에 공명하여 메모나 초록하는 습관이 들면, 놀라운 자기와 가끔 만난다. 전혀 생각지도 않은 놀라운 생각들이 당신도 모르게 글로 적히는 것을 보게 될 것이다. 처음에는 연결성이 전혀 없어 보이지만, 시간이 지날수록 통합을 일으킨다. 그 과정은 하나의 단락을 만드는 글쓰기 연습이 된다.

넷째 | 글을 쓰고 싶다는 충동을 일으킨다

메모나 초록의 과정이 자연스러워지면, 당신도 아름답고 멋진 글을 쓰고 싶다는 충동을 느낄 것이다. 그럴 땐 생각이 이끄는 대로 책의 여백에 쓰면 된다. 절대 자격 타령을 하면 안 된다. 다른 사람이 본다는 상상을 하지 말고 그저 형편없는 글이라도 자주 써라. 당신의 글이 형편없다면 그것은 타고난 글쓰기 재능이 없는 것이 아니라 형편없는 글조차 제대로 써본 경험이 없는 탓이다.

하지만 형편없고 낯부끄러운 글이라는 자각을 하면서도 계속 쓴다면 형편없는 글 역시 좋은 글로 탈바꿈한다. 좋은 글의 지속적인 초록 과정은 좋은 글이 갖고 있는 패턴을 당신의 뇌에 저장시켜줄 것이다. 어떤 날은 당신이 써놓은 글을 보고 자신도 믿지 못할 정도라는 경이로운 경험도 하게 될 것이다. 그 경이로움을 자주 경험하는 것이 임계점을 돌파해내고 공부를 즐겁게 할 수 있는 용기와 힘이 된다.

다섯째 | 체계적인 구조를 갖게 된다

대개 좋은 글은 체계적인 구조를 가지고 있다. 단순하지만 몇 마디 단어나 구절로 엄청난 통찰을 준다. 체계적인 구조를 가진다는 것은 중복을 제거하는 일이다. 중복된 글, 매끄럽지 않은 글은 읽는 사람을 불편하게 한다.

김용옥 교수는 그런 글을 쓰는 이유는 자신이 쓰고 있는 내용을 완전히 파악하지 못했기 때문이라고 했다. 그래서 그런 난삽하고 이해 불능의 글을 쓰게 된다는 얘기다. 그런 글을 쓰는 사람은 아무리 칭송받는 자라 할지라도 나쁜 자라고까지 표현했다. 공감한다. 나 또한 매번 글을 쓸 때마다 김용옥 교수의 말을 떠올리며 얼굴이 화끈거림을 느낀다.

인간은 무지함을 통해 용감해지기도 하고, 그 용감함이 더 나은 자신을 만들어가기도 한다. 체계를 갖기 위해서는 무의식으로도 쓸 정도의 연습 외에는 어떤 방법도 없다. 강신주 작가의 인터뷰 기사를 본 적이 있다. 다섯 권의 책을 내기까지는 다른 사람의 비평에 상처 받지 말고 써야 한다고 말했다. 그 과정을 넘지 못하면 결코 좋은 글을 쓰는 작가가 될 수 없다는 말에 공감이 되었다.

그래서 부끄러움과 이런저런 상처를 딛고 이 글을 쓴다. 나에게 이 책은 시집을 제외하고 단행본으로만 다섯 번째 책이다.

여섯째 | 글 쓰는 게 두렵지 않아진다

강의는 언제나 처음 5~10분이 가장 어렵다고 한다. 처음 만나는 대상과의 낯선 거리를 메우는 것은 경험과 상관없이 항상 힘들다. 최고의 명강사들도 강의 전에는 심호흡을 하면서 두려움을 극복하려 노력한다. 글 쓰는 것도 이와 마찬가지란 생각을 종종 한다. 유명한 작가마저도 백지에 자신의 생각을 써내려가기를 힘들어한다.

하지만 자신을 믿고 자기 생각으로 백지를 한 장이라도 채우고 나면 일단 글 쓰는 것이 두렵지 않게 된다. 세계적인 작가 헤밍웨이의 말 중에 "모든 첫 원고는 쓰레기다"라는 것이 있다. 글을 못 쓰는 사람에겐 참 위로가 되는 말이다. 헤밍웨이 같은 불후의 작가도 쓰레기 같은 원고를 고치고 고쳐서 멋진 원고를 만들었다니 말이다.

한 장의 백지에 아무 생각이라도 쓸 힘이 있다면 그 사람은 놀라운 능력을 부여받았다고 축하받아도 좋을 것이다. 그 글이 쓰레기로 취급받든 귀한 글로 대접받든 순전히 자신감으로 무장하고 고치고 또

고칠 수 있는 끈기를 가진 자만이 최고의 글을 쓰는 사람, 최고의 작가가 될 수 있다.

니체의 대작《차라투스트라는 이렇게 말했다》는 출간해주는 출판사가 없어 자비 출판을 해야 했다. 미셸 푸코의《광기의 역사》또한 출간을 해주는 출판사가 없어 우여곡절 끝에 겨우 세상에 나오게 된 원고였다. 리처드 바크의《갈매기의 꿈》과 조앤 롤링의《해리포터》시리즈 또한 처음에는 출판업자들에게 무시받았던 작품이다. 이런 사실을 알면 글 쓰는 데 조금은 용기를 얻게 되지 않는가?

독서는 생각의 오선지에 작곡을 하는 것과 같다. 다른 음색으로 작곡이 이루어지는 것과 같이, 생각하는 독서는 당신의 경험과 더불어 다른 빛깔의 글로 수놓아진다. 독서의 진정한 힘은 생각하는 독서에서 나온다. 똑같은 사물을 보더라도 당신의 언어로 말할 수 있고, 당신의 향기가 나는 글을 쓸 능력을 얻게 된다. 임계점을 돌파할 때 얻을 수 있는 역량이다.

메모하고 초록하는 독서는 이런 역량을 강화한다. 공부를 즐기자. 멋진 작품이 나오면 즐겁고, 그렇지 않다 하더라도 성장한 당신을 만나는 것만으로도, 그리고 더 낫고 좋은 삶을 살 수 있는 사람이 되는 것만으로도 멋진 일이 아닌가?

4장

집요하게 임계점을
돌파하라

"작은 일이라 하여 허술히 하지 않고,
남이 보지 않는 곳이라고 해서 속이고 숨기지 않으며,
실패하는 경우에도 자포자기하지 않는 자야말로 진정한 대장부다."

· 《채근담》 ·

조급해하지 말고
멀리 보라

인간이 끊임없이 노력하는 이유는 무엇 때문일까? 숱한 어려움
과 위험을 무릅쓰면서까지 얻으려는 것은 과연 무엇일까? 그것
은 바로 타인으로부터의 좋은 평가다. 잘했다는 칭찬을 받고 유
능하다는 인정을 받기 위해 대부분의 노력을 소모한다. 사회적
지위, 칭호, 훈장을 받으려는 노력은 물론이거니와 재산을 늘리
고, 심지어는 학문과 예술에 쏟아 붓는 노력까지 그 모든 게 궁
극적으로는 사회적인 존경을 얻으려는 것이다. 인간이 얼마나
어리석은 존재인지 알겠는가?

– 쇼펜하우어, 《쇼펜하우어 인생론》

언제부터인가 우리는 원하는 것이 무엇인지도 모른 채 행동적으로 바뀌어버린 삶을 살아가게 되었다. 실행이 따라야 세상에서 인정받을 것이란 강박에 쌓여 산다. 쇼펜하우어의 말에 비춰보면 200여 년 전에도 그랬나 보다. 인간의 본성이 그렇다는 것이다.

일에 빠져서, 다양한 사람들을 만나느라 정신없이 바쁜 사람들을 우리는 능력 있고 인정받는 사람으로 칭송하기까지 하는 세상을 살고 있다. 그래서인지 바쁘지 않고 한가한 사람들은 능력이 없는 사람이란 자책감까지 느끼는 경향이 있다.

그사이 우리는 현재보다 미래의 삶을 더 중요하게 여기게 되었다. 결과 지향성은 그 밖의 것, 즉 삶의 과정이나 여운은 무가치한 것으로 치부되어 삶에서 생략되어갔다. 사람들은 외로워서 힐링을 바라고 실존을 확인받고자 끊임없이 SNS에 사진을 찍어 올린다. 우리 삶은 고유성에서 익명성의 세계로 자리를 바꾸었다. 문제는 이 모든 것이 당신이 진정으로 원하는 것이냐다.

그렇다면 이런 방식은 왜 발생하고 나날이 더해가는 것일까? 어쩌면 당신이 원하는 것을 집요하게 파고들 만한 삶의 목적이 일상에서 사라져버렸기 때문일지 모른다. 강요당하고 학습된 보편적 인간이기를 기대하는 사회, 대중매체 공간에서 연출된 것들이 부러움이 되는 사회, 보편적 인간으로서의 의무를 다하는 순종적인 시민이 되기만을 강요하는 사회. 그 속에 상처받은 당신이 있다.

사회적 성공에 닿으려 할수록 좌절감만 느낄지 모른다. 그럴수록 현재의 자기는 부정되기 쉽다. 채울 수 없는 욕망이 현실의 전부가 될 때 당신은 어떤 선택을 할 수 있는가? 성공했다고 평가받지 못하고 돈이 없다고 존재까지 무시되는 것을 당신은 정당하다고 여기면서 살고 있는가? 뒷담화하지 않고 세상 밖으로 도망가지 않고 삶을 주체적으로 살 방법은 얼마든지 존재한다. 그러기 위해서는 세상이 중요하게 여기는 것에 순응하지 말고 당신이 중요하게 여기는 것에 집중해야 한다.

어린 시절 나는 강요당하는 것이 싫어 반항하다가 일찍이 삶의 밑바닥을 경험했다. 그러다 보니 10대는 무시받는 삶이었고, 20대는 남들이 하는 정도의 것에서 심한 결핍을 느꼈다. 다행이라면 스물아홉 살에 임계점 돌파하기 공부를 실천하면서 조금씩 내 삶도 나아졌다는 것이다. 내가 지극히 평범하다는 것을 알았기에 좋아하는 한 가지를 선택해서 집요하게 도전하는 방식을 택해서 살았다. 어느 날 임계점을 돌파하고 나니 주체적으로 선택할 수 있는 것들이 늘어갔다.

내가 생각하는 주체적인 삶은 다른 사람이나 세상의 간섭을 적게 받는 '자유로운 삶'이다. 돌아보면 태생적 기질이 그러하다고 느낀다. 학교를 다닐 때도 성실함과는 거리가 먼 학생이었고, 대학도 다니기 싫어 중퇴한 경험이 있으며, 직장도 다니기 싫어 몇 번이나 그만두었다. 하지만 시간이 지나고 보니 그것은 도피이거나 방황이었지 자유로운 삶은 아니었다.

내가 착각했던 자유에는 희생이 따랐다. 배워야 할 시기에 배우지 못한 어리석은 내가 있었고, 학교를 중퇴할 때는 부모와 가족의 희생이 있었으며, 직장을 그만둘 때는 가족과 동료들의 원망이 있었다. 또한 인간관계에서 상대방의 상처도 있었다.

그럴수록 '자유로운 삶'에 대한 갈망은 커져만 갔다. 그래서 다른 사람과 세상으로부터 강요받지 않는 인생을 살기 위해서 어떻게, 무엇을 해야 하는지 연구했고, 임계점 돌파하기 공부를 하면서 그 답을 찾고자 했다. 어느 날 발견한 쇼펜하우어의 글에서 '자유로운 삶'에 대한 기준을 찾았고 적어도 내겐 지금까지 기준으로 작용하고 있다.

───── 자유로운 삶을 위해 필요한 두 가지

쇼펜하우어의 말에 따르면 '자유로운 삶'을 살기 위해서는 삶에서 두가지를 쟁취해야 한다. 하나의 쟁취를 통해 50퍼센트의 자유를 얻고, 또 다른 쟁취를 통해 나머지 50퍼센트의 자유를 얻어야 한다는 것이다.

첫 번째 50퍼센트의 자유를 얻기 위해서는 무엇보다 먼저 '자기가 하고 싶은 일을 해야 한다는 것'이다. 내가 지금껏 한곳에 정착하지 못하고 이리저리 방황한 것은 결국 내가 하고 싶은 일을 찾기 위함이었다는 것을 알았다. 당신은 어떤가?

내 삶이 그러했듯 많은 사람은 첫 번째 50퍼센트의 자유를 얻기 위해 공부하고, 직장에 다니고, 돈을 번다. 그 과정에서 오랜 시간을 방황하고, 고민하고, 탐색한다. 하지만 세상에 태어난 이상 누구나 자기 몫만큼은 책임과 의무를 감당해야 하기에, 얼굴이 두껍거나 아주 냉정한 사람이 되지 않고서는 자기가 하고 싶은 일만을 하면서 살 수는 없다. 통계에 의하면 대략 20퍼센트의 사람만이 자기가 하고 싶은 일을 하면서 산다고 하니, 첫 번째 50퍼센트의 자유를 얻는 것이 얼마나 어려운가를 간접적으로 이해하게 된다.

이 지점에서 짚고 넘어가야 할 것 같다. 당신이 지금 하고 싶은 일을 하지 않는다고 해서 당신 인생이 잘못되었다거나 하는 것은 절대 아니라는 점이다. 당신이 하고 싶지 않은 일을 계속해야만 하는 상황이라면 '자유로운 삶'이 아니라 억압이 쌓여간다는 점에 주목해보자는 것이다. 당신이 현재 모든 것이 순조로움에도 가끔 슬럼프에 빠지거나 권태롭게 느껴진다면, 그것은 '자유로운 삶'을 살고 싶다는 갈망을 본성으로 가지고 태어났기 때문이다. 결국 누구든 50퍼센트의 자유를 얻기 위해서는 세상의 요구와 내면의 요구 사이에서 부단한 투쟁을 해야 한다. 따라서 쇼펜하우어가 말하는 첫 번째 자유를 얻기도 여간 어려운 것이 아님을 알게 된다. 다행스러운 것은 당신이 잘하는 분야를 선택해서 몰입과 집중으로 임계점을 돌파해서 전문가가 된다면, 첫 번째 자유는 얻을 수 있다는 것이다.

그렇다면 두 번째 자유는 어떻게 얻을 것인가? 쇼펜하우어에 따르면, 나머지 50퍼센트의 자유는 '하기 싫은 일을 안 해도 되는 것'이라고 한다. 하기 싫은 일을 안 해도 된다고! 그런 일이 가능할까? 이론적으로는 가능하지만, 실제로는 참 어렵다. 어쩌면 인간답지 않은 비(非)인간이라는 오해를 받을 수도 있을 것이다.

예를 들어보자. 친구가 먼 곳에서 몇 년 만에 찾아왔는데 만나기 싫다고 피한다면 어떻게 될까? 집안에 애경사가 생겼는데 하기 싫은 일이라고 참석하지 않으면 어떻게 될까? 가장임에도 경제적인 활동을 하지 않는다면 어떻게 될까?

두 번째 자유에 대해서 나는 이렇게 이해한다. 삶에서 최대한 주체적이지 않은 것은 하지 않는다는 의미로 말이다. 돈을 더 벌기 위해 싫어하는 사람을 만나는 것, 외롭다는 이유로 자기와 가치관도 맞지 않는 사람을 만나는 것, 손가락질당할까 봐 참석하지 않아도 되는 모임에 참석하는 것 등이다.

즉 당신은 당신다운 삶을 살기 위해서는 여러 가지 중에서 가장 중요한 하나를 선택해야만 한다. 두 번째 자유를 삶에서 얻으려면 다른 사람이나 세상에 바라는 것이 거의 없을 때 이론적으로 가능하다는 이야기다. 현실적으로 그것이 가능하려면 첫 번째 자유를 쟁취하는 과정에서 다른 사람이나 세상의 도움 없이도 평생 살 수 있는 경제적 자립이 이루어져야 한다. 만일 먹고사는 문제에서 벗어나기 힘들다면 두 번째 자유를 얻는 것은 사실상 어렵다고 보아야 할 것이다. 세상이나 다른 사람의 눈치를 보면서 선택해야 할 필요조차 없을 때 우리 삶은 비로소 쇼펜하우어가 말하는 자유로운 삶에 닿아 있다고 말해도 좋을 것이다.

나는 쇼펜하우어가 가르쳐준 '자유로운 삶'의 기준을 내 삶에 적용하려고 부단하게 노력한다. 부단한 노력에는 '많은 욕구를 포기하는 것'까지 포함되어 있다. 그것이 실현된다면 어떤 일을 하건 간에 내 삶이 가치 있는 삶, 좋은 삶이라 여긴다. 그래서 나는 남이 뭐라고 하건 신경을 덜 쓰는 편이다. 왜냐면 결국 내가 책임져야 하는 내 인생이기 때문이다.

하지만 '하기 싫은 일을 안 해도 되는 것'에는 삶의 불안과 억압에 맞서는 용기가 필요하다. 그러자면 '잘 살기 위해서는 돈이 있어야 한다, 대인관계가 좋아야 잘 사는 인생이다, 인간은 자기 능력을 극대화하면서 사는 것이 신이 준 축복에 부응하는 것이다. 뭐든 부지런히 하면서 살아야 한다' 같은 말을 삶의 기준에서 도려내고 고독을 즐길 수 있는 용기가 있어야 한다.

누구에게도 완전한 자유는 없을 것이다. 자유란 주어진 인생에서 얼마만큼 주체적으로 선택하고 살아갈 수 있는지에 관한 것일 게다. 제약과 구속, 여러 선택지의 유혹 앞에서 자신이 원하는 방식을 선택해서 살 수 있는 능력, 그것을 자유라고 부를 수 있다. 그런 면에서 자유란 어떤 조건이 주어지건 자신이 정한 기준으로 선택하려는 노력이요, 우리 삶에서 피할 수 없는 의무나 고통을 회피하지 않고 그것을 자기 삶에서 최소화하는 과정이라고 말해도 크게 틀린 말은 아닐 것이다.

하지만 자유로운 삶은 거저 주어지지 않는다. '하기 싫은 일을 하지 않아도 되는 삶'을 살기 위해서는 보편적 삶의 기준과 평가에서 벗어나 당신의 가치 기준으로 선택해야 한다는 점이 남는다. 세상과 타인을 통해 실존이나 정체성을 확인받아야 할 이유가 없는 삶을 사는 것이다. 그래야만 진짜 자기가 하고 싶은 주제의 공부를 조급하지 않게 멀리 보면서 할 수 있다.

스스로 즐길 수 있는 분야를 정하고, 자신의 호흡에 맞는 속도를 정하고, 자신만의 자유로운 기준을 선택해서 남은 생을 설계한다면 누구든 강요당하지 않는 공부를 즐길 수 있다. 즐길 수 있는 공부는 단기간에 승패가 결정되는 것도 아니요, 성과를 내서 자랑할 것도 아니며, 오직 자신의 자유로운 삶을 위한 임계점 돌파하기 공부일 것이기 때문이다.

철학자 임마누엘 칸트가 하루는 부엌에서 간단한 요깃거리로 계란을 삶고 있는데, 마침 동료가 방문해 급작스럽게 학술적 토론을 벌였다고 한다. 30여 분의 이야기 끝에 동료가 "왜 손에 달걀을 쥐고 있느냐?"고 물었다. 칸트는 그제야 자신이 이야기에 집중하느라 달걀 대신 다른 손에 쥐고 있던 회중시계를 끓는 물에 던져 넣었다는 걸 깨닫게 된다. 집중과 몰입이 이 정도는 되어야 공부를 즐긴다고 말할 수 있을 것이다.

인류 역사는 세상이 부추기는 욕망과 자신이 진정으로 살고자 하는 자유로운 삶과의 경계에서 자신이 원하는 삶을 선택하여 추구해 가는 과정의 연속이다. 당신과 나는 이와 같은 그네 타기에서 언젠가는 삶을 마감하게 될 것이다.

공부 또한 그러하다. 공부에서도 거품을 빼자. 이유도 없이 행하는 자가 되지 말고, 자신이 원하는 대로 살아가는 자가 되자. 《그리스인 조르바》의 작가 니코스 카잔차키스의 묘비명에는 다음과 같이 적혀 있다. "아무것도 바라지 않는다. 아무것도 두렵지 않다. 나는 자유다."

주체적으로 생각하라

언제나 그렇다. 인간은 자기가 필요하다고 생각하는 것만 본다. 심리학에서는 이를 자극의 '선택적 지각(selective perception)'이라고 한다. 세상에는 우리가 감당할 수 없는 엄청난 양의 자극이 존재한다. 인간의 인지 능력에는 한계가 있다. 어쩔 수 없이 필요한 자극만 받아들이게 되어 있다. 문제는 내가 필요하다고 생각하는 자극의 내용이 지극히 '편파적'이라는 사실이다. 자극을 받아들이는 바로 그 순간부터 창조적 인간과 보통 인간의 차이가 벌어진다. 창조적 인간은 남들이 지나치는 자극을 확 잡아챈다. 위대한 창조는 그렇게 사소하게 시작된다.

- 김정운, 《에디톨로지》

흔히들 생각에 따라 인생이 달라진다는 말을 한다. 마치 설계도를 어떻게 그리는가에 따라서 어떤 건물이 지어지는지 결정되는 것처럼, 우리도 어떤 생각을 하느냐에 따라 위대한 인생으로 도약할 수 있도록 방향을 바꿀 수 있다. 인간은 생각하는 능력을 통해 문명의 설계자가 되었다. 하지만 대부분의 사람은 평범한 생각만을 하다가 그냥 생을 마감한다. 위대한 생각을 할 줄 아는 사람만이 특이하고 비범한 생각으로 자기 능력을 세상에 드러낸다.

심리학자들의 연구에 따르면 사람의 마음에는 1시간에 약 2,000가지의 생각이 떠오른다고 한다. 하루 동안 우리 마음을 드나들며 사라져가는 생각이 무려 4만 8,000가지라는 계산이 나온다. 하지만 그중 80퍼센트는 어제 한 생각과 비슷한 그저 그런 생각일 뿐이다. 20퍼센트의 생각이 당신의 차별성을 만들어낸다.

'생각'의 사전적인 정의는 '사람이 머리를 써서 사물을 헤아리고 판단하는 작용'이라고 되어 있다. 인지발달 심리학자 피아제는 생각의 본질을 표상(representation)이라고 했다. 다시 보여준다는 뜻이다. 우리는 흔히 과거 일을 회상하거나 기억할 때, 현재 일을 판단할 때나 장래 일에 관심을 가질 때, 추측과 각오 및 다짐을 할 때도 생각이라는 단어를 쓴다.

따라서 생각의 뿌리는 경험을 전제로 한다. 우리가 어디서 한 번은 본 것을 머릿속에 다시 떠올리는 것이다. 하지만 생각은 상황에 따라 수시로 변하기에 부정확하고 확신하기 어렵다. 그래서 생각을 다음 단계로 발전시키는 시스템이 필요하다. 그렇게 하기 위해서는 생각과 사고의 구별이 필요하다. 똑같이 두뇌를 쓰지만 생각과 사고에는 약간의 차이가 있다. 사고는 생각이 좀더 구체화된 과정, 즉 깊은 생각이라고 정의할 수 있다.

얕은 생각에서 시작해서 더 깊은 생각을 거듭해 문제를 해결할 때 사고의 힘이 발휘된다. 분석적 사고나 통합적 사고가 이에 해당하는 대표적인 예다. 따라서 생각은 심상을 통해 그림(1차적)으로, 사고는 논리적 사유를 통해 문장(2차적)으로 표현되는 경향이 있다.

달리 표현하면 얕은 생각의 세계에서 사는 사람은 어렴풋한 심상(그림)에 의존해서 하루를 살게 되고, 깊은 생각(사고)을 하는 사람은 논리적 사유를 통해 좀더 명확한 방식(문장)으로 하루를 산다고 말할 수 있다. 당신이 사용하는 문장이 곧 당신이 지금 어떤 생각을 하고 살아가는지를 대변하기 때문이다. 임계점 돌파하기 공부를 통해 문장을 얻는다는 것은 곧 당신이 매일 사용하는 문장의 차이가 모여서 위대함을 만들어낸다는 것이다.

그렇다면 어떻게 해야 '얕은 생각'의 세계에서 '깊은 생각(사고)'의 세계로 도약하는 시스템을 만들어낼 수 있을까? 나는 이것을 생각의 도약 3단계로 부른다. 생각과 사고의 차이는 예상외로 크기 때문에 집요함으로 임계점을 돌파하려는 노력이 필요하다.

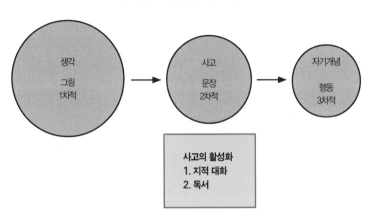

| 그림 2. 생각의 도약 3단계 |

사고의 활성화
1. 지적 대화
2. 독서

생각이 사고의 단계로 도약할 때 임계점을 돌파할 가능성이 높아진다. 많은 사람이 오랜 시간 공부를 하면서도 전문성을 얻지 못하는 것은 이 도약의 단계, 즉 임계점 돌파가 되지 않기 때문이다. 따라서 임계점 돌파하기 공부로 전문성을 드러내려면 얇은 생각에서 깊은 생각(사고)으로 도약하기 위한 피나는 연습이 필요하다.

─────── 사고 활성화 훈련의 두 가지 방법

생각의 도약 3단계에는 두 가지의 훈련이 필요하다. 그것을 나는 '사고 활성화 훈련'이라 부른다. 놀라운 것은 뇌과학을 몰랐던 시대에도 선현들은 생각의 도약 과정을 이미 깨닫고, 사고를 활성화하기 위해서 의식적으로 두 가지 노력을 해야 한다고 말했다는 점이다.

사고 활성화 훈련의 첫 번째 방법은 '스승과 지적 대화를 나누는 것'이다. 당신보다 사고력이 높은 사람과 지적 대화를 주기적으로 나누어야 사고가 활성화되어 생각의 도약을 할 수 있다. 알렉산더 대왕은 일찍이 아리스토텔레스에게 배웠고, 아리스토텔레스는 플라톤의 제자다. 명문가의 자제가 좋은 스승에게 배우는 것도 이에 근거한 것이다.

하지만 훌륭한 스승과 지적 대화를 나누는 것이 생각만큼 쉽지는 않다. 생각의 도약을 필요로 하는 사람이 당신이지 스승은 아니기 때문이다. 사는 곳의 한계가 있을 뿐만 아니라 경제력과 가르침을 위한 시간도 필요하고, 도약하고자 하는 당신의 집요한 열정도 전달되어야 한다.

스승과 지적 대화를 나누는 것의 가장 큰 한계는 서로 살아 있어야만 가능하다는 점이다. 지적 대화의 형식이 과거엔 도제 방식이었다면, 요즘에는 멘토링, 일대일 코칭 등 다양한 용어가 있다. 독서모임에 참석하는 것과 강의를 듣는 것 또한 지적 대화의 한 방법일 것이다.

스승과 나누는 지적 대화는 혼란스러운 얕은 생각들을 갈무리하여 깊은 생각에 이르게 해주고, 지적 자극은 전혀 다른 관점으로 세상을 해석하도록 도와준다. 결국 지적 대화는 스스로 실마리를 얻기 힘든 깊은 생각(사고)의 길을 대가의 도움을 받아 풀어가는 과정이다. 그런 점에서 임계점 돌파하기 공부로 세상에 전문성을 드러내기 위해서는 스승과 지적 대화를 나눌 수 있는 환경을 만들어야 한다. 맞춤형 지적 스승을 곁에 둘 수 있다면 임계점 돌파가 탄력을 받을 것이다.

사고 활성화 훈련의 두 번째 방법은 '집요하게 책을 읽는 것'이다. 스승과 지적 대화를 나누는 것만으로는 임계점을 돌파하는 데 한계가 있을 수 있다. 책을 읽는 과정은 내가 직접 만나지 못하는 대가들과 지적 대화를 나누는 과정이다. 하지만 책을 읽는 것은 맞춤 지도가 불가능하다. 따라서 당신은 책을 읽는 과정에서 대가들에게 집요하게 질문을 던져야 한다.

질문은 곧 당신의 사유를 독특함의 단계로 도약하게 해줄 것이다. 많은 책을 읽더라도 도약이 되지 않는 사람들에겐 홀로 사유하는 시간과 의미 있는 질문이 생략되어 있다. 따라서 책을 읽는 과정은 훌륭한 스승에게 배울 수 있는 자질을 갖추는 과정이자, 다른 사람에게 배우는 단계를 뛰어넘어 자기개념을 가진 전문가로 도약하기 위한 기초체력을 닦는 과정이라 할 수 있다.

책을 읽는 최대의 장점은 시간과 공간의 제약에서 비교적 자유롭다는 점이다. 살아 있는 스승과의 지적 대화에서처럼 자기에게 꼭 맞는 세밀한 지도를 받을 수는 없지만, 어떤 분야나 주제라도 자신의 의지에 따라 자유롭게 선택할 수 있다. 또한 아주 적은 돈으로도 얼마든지 새로운 분야의 도전이 가능하다는 점에서는 최소 비용으로 최대 효과를 낼 수 있기도 하다. 주제에 따라서 열 명의 스승과 동시에 접속이 가능하고, 수백 명의 사유도 짧은 시간에 대면할 수 있다.

이런 장단점을 알고 있었기에 선현들은 '지적 대화'와 '집요하게 책을 읽는 것'을 동시에 해야만 사고를 최고조로 활성화하여 임계점 돌파를 할 수 있다고 말했던 것이다. 이런 점을 알아서인지 철학자 플라톤은 소크라테스가 스승인 것이 행복의 요건 중 하나라고 했다. 플라톤에게 소크라테스는 위대한 지적 스승이었다. 플라톤은 소크라테스의 '다이몬'이라는 깊은 사고(개념)를 배움으로써 자기만의 '이데아'를 만들 수 있었다.

────── 자기개념을 만들어라

위대한 삶을 산 사람들에게서 우리는 깊은 사고를 하는 공부습관을 발견해낼 수 있다. 어떤 이들은 좋은 스승을 통해, 어떤 이들은 책과의 만남이, 또 어떤 이들은 타고난 고난이, 어떤 이들에게는 예상치 못한 처절한 실패나 좌절이 그들을 깊은 생각의 세계로 이끌어주었다. 그 결과 임계점 돌파의 과정에서 그들은 평범함에서 위대함으로 도약할 수 있었다. 당신은 지금 임계점 돌파를 위해 어떤 노력을 하고 있는가?

현재 삶이 만족스럽지 못하다면 이는 곧 사고를 활성화해야 한다는 적신호로 받아들여야 한다. 깊이 있는 사고의 세계로 도약하지 않는 한 당신 삶은 늘 어제와 같은 오늘일 수 있다. 그렇게 해서는 습관적인 행동만을 반복하는 당신을 보게 될 것이다.

독서는 당신이 가진 개념과 저자의 개념이 충돌을 일으키는 과정이다. 충돌의 과정을 통해 저자의 사고가 당신 사고의 일부가 될 수 있다. 이것이 곧 생각하면서 읽을 때 다른 생각을 하는 사람이 된다는 의미다. 생각의 도약 3단계는 그림에 나와 있듯이 자기가 경험한 세계를 다른 사람에게 이야기했을 때 공감과 설득이 되는 단계를 말한다. 이것을 나는 '자기개념'이라고 부른다.

예를 들어 창조경영, 창조경제란 말을 자기개념과 연결해보자. 이것을 생각의 도약 3단계에 적용해보면 전혀 다른 결론이 나올 수 있다. 먼저 창조경제란 말을 들으면 생각의 단계에서 머리가 아픈 사람이 많을 것이다. 왜 복잡한 이론들이 주기적으로 나오는지 골치 아프고 피하고 싶기도 할 것이다. 그냥 1단계 생각에 머무는 사람들은 이런 경향을 보인다. 뉴스나 신문에서 본 모습으로 창조경제를 이해하는 데 그칠 수 있다. 조금 더 나아간다면 창조경제의 뜻 '정보 기술을 중심으로 한 첨단 과학기술을 산업 전반에 접목하여 일자리를 창출하고 국가 경제를 발전시킨다는 개념으로 추진된 정책' 정도는 안다는 것이다. 머릿속에서 어렴풋이 그림으로 이해한다는 것이며, 그 정도로는 삶의 도약을 기대하기 어렵다.

깊은 사고의 과정이 습관화된 사람들은 창조경제에 대해 설명해놓은 논문이나 책을 읽고 새로운 개념의 사회 전반적 접목과 활용을 이해한다. 이 단계에 들어서면 학제적 관점이나 계층적 지식 면에서는 똑똑하다는 소리를 들을 수 있다. 경제적으로 접근해서 데이터를 내고 예산이 투입되었을 때 신규 일자리가 얼마나 생기며, 경제 성장에 어떻게 기여하는가와 같은 거시적 지표를 알 수 있다. 문장으로 이해한 단계이기에 좀더 구체적 단계로 도약한다.

이런 지식을 가지면 다른 사람과 창조경제에 대해 토론하는 데 아주 유용할 것이다. 하지만 그 지식만으로는 임계점을 돌파해서 전문가나 대가로 나아가기엔 여전히 부족함이 있다. 그것이 자신의 삶에 어떤 의미인가는 또 다른 문제가 되기 때문이다. 결국 자기 이야기가 빠졌다는 것이다.

생각의 힘은 마지막 단계에서 비로소 위대함으로 도약한다. 자기 개념을 가진 사람은 창조경제가 자신에게 미칠 위험과 기회에 대해 실행을 통해 체득하는 과정을 거친다. 이론적인 방향인 거시적 지표가 자기가 종사하고 있는 분야에서 어떻게 나타나고 있으며, 창조경제가 미래에 어떤 기회를 낳을 것인지를 세부적으로 통찰하는 과정을 거치는 것을 의미한다. 통찰력을 가지고 원리와 본질을 꿰뚫고 자기 삶에 적용까지 가능한 단계를 의미한다. 이런 능력이 부족한 사람을 직장이나 사회에서 '개념이 없는 사람'이라고 부른다.

그렇다면 창조경제를 우리 삶에 자기개념으로 적용해보자. 정보기술사회는 산업혁명과 다른 제2의 기계 시대가 되어 기계가 할 수 있는 전통적 일자리를 없앨 것이다. 이렇듯 우리가 현재 하고 있는 일이 자동화의 희생양이 되는 것이라면 빨리 다른 일자리를 준비해야 한다. 다른 일자리를 준비하기 위해서는 미래 시대에 요구하는 역량을 가져야 한다.

그 역량은 무엇인가? 이것을 준비할 수 있는 직관과 통찰을 가지는 것이 곧 자기개념의 힘이다. 이것은 현재의 직업, 자신이 경험한 것에 따라 전혀 다른 방식으로 드러날 것이다. 이것을 만들어내지 못하는 사람은 곧 지적 자본이 없는 사람으로 평가받을 것이다.

깊은 생각(사고)의 과정을 거치지 않고서 자기개념을 이야기하기는 어렵다. 자기개념을 갖지 못하면 권위나 다른 사람의 생각에 의존해서 행동하게 된다. 깊이 있게 사고한 사람만이 주체적인 비전과 이상을 만들 수 있고, 나아가 그 이상을 실현할 수 있다. 사고를 활성화하고 한 단계 높은 자기개념을 갖기 위해서는 시대 변화에 민감하게 반응하고 임계점 돌파를 위한 학습을 해야 한다.

세계 역사뿐만 아니라 당신의 역사는 절대로 그냥 만들어지지 않는다. 끊임없이 사고하며 자기개념을 만들려는 노력을 통해 코페르니쿠스는 지동설을 주장할 수 있었고, 다윈은 진화론을 주장할 수 있었다. 니체가 신은 죽었다고 말할 수 있었던 이유 역시 사고의 힘을 통해 자기개념을 만들었기 때문이다. 한 사람의 생각의 힘은 자기 인생을 바꿀 뿐만 아니라 세계를 바꿀 수 있다.

당신은 생각의 도약을 통해 세계를 바꿀 수 없을지 모르지만, 당신이 원하는 인생은 얼마든지 바꿀 수 있다. 그것이 평범한 사람이 위대한 사람이 되기 위해 현재에 충실하면서 미래를 위해 머릿속에서 지금 할 수 있는 최선의 방법이다. 임계점 돌파하기 공부를 통해 세상에 전문성을 드러내려면 집요하게 생각을 도약시켜야 한다.

그때가 되면 당신은 주체적인 힘을 갖게 되어, 당신만의 위대한 발걸음을 시작하게 될 것이다. 위대한 과학자 뉴턴이 제자들에게 남긴 답변은 우리를 다시금 돌아보게 한다.

"다른 학자들은 평생 하나도 이룩하기 힘든 업적을 수없이 남기신 선생님께서 아직도 부족하거나 아쉬운 것이 있으신지요?"

"부족하다뿐인가. 나는 진리의 큰 바다를 앞에 두고도 고작 백사장에서 조가비를 주우며 기뻐하는 어린아이와도 같았네."

함께 공부할 사람들이 있는 곳을 찾아가라

막상 공부를 시작했다 하더라도 지속하고 도약하는 데는 어려움이 있다. 가장 먼저 해야 하는 일은 공부 환경에 자신을 빠뜨리는 것이다. 사고를 도약시켜서 임계점을 돌파할 수 있는 손쉽고 빠른 길은 함께 공부할 사람들이 있는 곳을 찾아가는 것이다. 주변에 눈을 돌리면 전국 어디에서나 그런 모임을 쉽게 발견할 수 있다. 당신이 집요하게 달려들지 않기에 변신하고 도약할 기회를 잃어버리고 있는지도 모른다.

수도권은 물론이거니와 지역별로도 배움공동체가 많다. 일례로 '예병일의 경제노트'는 전국 및 해외 조직을 갖고 있는 독서모임이며, 전주 리더스클럽을 비롯하여 우수한 지역 모임이 많다. 이런 공부모임들은 포럼, 클럽, 동아리 등으로 불린다.

포럼은 로마 시대의 도시 광장을 일컫던 포룸(Forum)에서 유래된 말인데, 당시에는 시민들이 모여서 자유롭게 연설·토론하는 장소였다. 오늘날의 포럼은 서로 상충되는 입장을 대표하는 토의자들이 한 사람씩 발표하고, 청중과 토의자가 서로 질의응답하여 그 문제에 대한 인식을 넓히고 해결책을 모색하는 것으로 변형되었다. 대체로 자유토론에 가깝다고 할 수 있다.

클럽이란 취미나 친목 따위의 공통된 목적을 가진 사람들이 조직한 단체를 총칭한다. 독서클럽은 19세기에 프랑스에서 회비를 내고 독서를 하는 모임에서 유래했다. 당시에는 책과 신문을 일반인이 구독하기 어려웠기 때문에 서점 등을 중심으로 회비를 내고 독서를 하는 클럽이 유행했다. 하지만 책과 신문이 대중화되면서 독서클럽은 점차 사라졌다.

동아리는 목적이 같은 사람들이 한패를 이룬 무리를 말하는 순수 우리말로 다양한 목적을 가진 모임에 쓰인다.

결론적으로 포럼, 클럽, 동아리 등 명칭이야 어떻든 동일한 목적을 가지고 서로의 성장과 도약을 위해서 함께 토론하고 고민하는 모임을 말한다. 지방에 살고 있는 나는 오래전부터 성장이 갈급한 사람들과 함께 독서모임을 하면서 공부하는 삶을 실천하고 있다. 엊그제 시작한 것 같은데 벌써 8년이 지났다. 나는 그 8년의 시간 동안 그들과 함께 고민을 나누고 어깨를 기대고 가슴을 부대끼면서 삶의 실존을 찾아가고 있다. 다소간 차이가 있으나 함께 공부하는 독서모임을 간단히 소개하니, 당신도 임계점 돌파하기 공부를 통해 도약하고자 한다면 이런 모임에 당신을 빠뜨리고 사고 활성화 훈련을 했으면 좋겠다.

——— 사고를 도약하게 해준 독서모임들

경남독서포럼

맨 처음 시작한 공부모임이 경남독서포럼이다. 2006년 봄에 시작되었다. 모임 취지는 '사람만이 유일하게 큰 나무 밑에 서야 동량으로 성장할 수 있다'는 모토 아래 사회 리더나 예비 리더들이 만나 서로의 성장을 촉진하는 역할을 하는 것이다. 자기계발의 동기도 얻고 사회공헌 역량을 키워가는 비전의 나눔터가 되고자 했다.

《생산적 책 읽기 50》,《인문학 공부법》등의 작품으로 많은 이에게 자극과 영감을 주며 훌륭한 저서를 꾸준히 발표하고 있는 안상헌 작가와 의기투합해서 만든 배움터다. 8년 동안 많은 사람이 배움터를 거쳐 갔다. 초기에는 기업에 근무하는 남성들 위주로 운영되었다.

경영혁신, 인문학, 자기계발, 심리, 정체성, 문학 분야의 책을 읽고 발제자가 정해진 양식에 맞게 정리한 후 자료를 배포하고 개별 발표를 하는 방식이었다. 개별 발표가 끝난 후에는 북마스터를 담당하는 안상헌 작가가 텍스트에 대해 전체적으로 설명한다. 그런 다음에는 당일 제시된 주제를 놓고 참석자들이 깊이 있는 토의를 하는 방식으로 운영되었다.

대기업 중견간부, 금융권 임원, 대기업 품질명장, 디자인회사 사장, 정보지 회사 임원, 증권회사 대리, 종합병원 팀장, 개인병원 및 개인 사업가, 보험회사 판매원, 구직자 등 다양한 구성원이 참석하여 열띤 토론이 이뤄졌다. 운영 방식은 한 달에 한 번 선정된 책을 읽고 세미나 장소에서 1시간 30분 동안 토론하는 것이었다. 그런 후 장소를 옮겨 저녁 식사를 하면서 개인의 고민이나 직장 내에서의 인간관계 갈등, 퇴직 후의 준비 등 다양한 주제에 대해 생각을 나누었다. 저녁 7시에 시작해서 11쯤 끝이 난다.

하지만 금융위기 이후 모임의 부침을 겪었다. 전직자, 경제적으로 고통받는 사람, 새로운 사업부를 맡은 사람, 다른 지역으로 거주지를 옮겨 참석이 어려운 사람들이 생겼다. 그 자리는 곧 교장 선생님, 공기업 간부, 도서관 실장, 방과후 교사, 전문직 여성, 세무사 등 새로운 사람들로 채워졌다. 봄과 가을에는 박경리 문학관 등을 방문하는 문학기행을 하면서 친목을 다지기도 했다. 2년 전부터는 인문학 공부를 본격적으로 시작했다.

이 모임을 운영하면서 느낀 점은 기업에 다니는 직장인, 공기업 근무자, 전문직 여성 등 직종에 따라 공부에 대한 목적과 요구가 다르기에 그 중간 지점을 찾아 성장을 촉진하는 것이 쉽지만은 않다는 점이었다. 텍스트의 난이도를 높이면 깊이 있게 접근하는 사람이 줄어들고, 텍스트의 난이도를 낮추면 깊이 공부하고자 하는 사람들에게 자극과 깊은 사유를 주지 못한다는 한계에 봉착했다. 또한 월 1만 원의 회비만으로는 할 수 있는 활동이 한정적이라 처음 생각했던 원대한 계획들을 접어야 해서 아쉬움이 많았다. 2014년 말 8년간 맡아온 회장직을 다른 분에게 물려주고, 2선에서 지원하고 있다.

구변경연 함성

두 번째 참여하게 된 모임은 작고한 변화경영전문가 구본형 선생이 추구하는 삶의 가치와 베품 정신(우리는 어제보다 아름다워지려 하는 사람을 돕습니다)이 좋아 함께하는 영남권 모임이다. 구변경영 함성 (구본형 변화경영연구소를 통하여 함께 성장하는 사람들의 영남 지역 모임)은 2007년 결성되었으며, 2개월에 한 번 포항·경주·울산·부산·창원 지역을 돌아가면서 개최된다.

주말 모임이며, 1년에 3회 정도는 1박 2일로 운영된다. 당일 모임 일정은 토요일 오후 2시에 시작되어 11시경에 끝이 난다. 진행 순서는 먼저 초청된 강사의 강의를 듣는데, 강사는 참석자는 물론 다양한 분야의 전문가들을 모신다. 강의를 마치면 질의응답을 하고 곧이어 그달에 선정된 도서에 대해 각자가 정리해온 자료를 배포하고, 참석자가 돌아가면서 발표한다.

개별 발표가 끝나면 토론의 진행자인 나는 발표자의 의도와 고민을 파악하고 그것이 어떤 문제와 연결되는지, 다른 발표자와의 차이는 무엇인지 등 잘된 점과 모임을 통해 발전한 점 그리고 앞으로 보완했으면 좋겠다 싶은 점들에 대해 논평을 곁들인다. 또한 함께 토론했으면 하는 주제를 상정하고 2부에서 토론을 할 수 있도록 자연스럽게 이끈다.

세미나실에서 1부 강의와 독서토론이 끝이 나면 장소를 옮겨 2부 행사가 시작된다. 2부는 저녁 식사와 함께 1부에서 상정된 토론 주제를 놓고 자유토론이 이뤄지며, 다른 주제나 개인의 고민까지 한계를 두지 않고 대화를 나누는 장이 된다. 처음 참석하는 분들 중 운이 좋으면《주역강의》의 저자 서대원 선생께서 호(號)를 만들어 즉석에서 증정하는 이벤트의 주인공이 되기도 한다.

나는 이 모임을 '창조적 부적응자의 모임'이라고 부른다. 참석자들 대부분이 각자의 삶에 큰 문제가 없지만, 그것만으로는 뭔가 부족해 이 모임에 열성적으로 참석하기 때문이다. 그들은 외로움보다는 실존적 고독을 채우기 위해 주기적으로 만나 영혼의 목마름을 서로 축여주는 도반들이다.

그러다 보니 모임 구성원 또한 다양하다. 사회활동가인 회장,《주역강의》로 유명한 서대원 선생, 숲 해설가로 유명한 충북 괴산 여우숲 김용규 대표,《유쾌한 인간관계》의 저자 김달국 선생, 유명 대학의 기획실장, 대기업 품질명장, 초등학교 선생님, 갤러리 대표, 대학교 교직원, 대기업 임원으로 퇴직하여 한 상장기업에 근무하는 70

대 사장, 선장 출신의 해운회사 팀장, 대학교 겸임교수, 대기업에 다니다 퇴직하여 조경에 미친 사장, 대기업 팀장, 중소기업 사장 부부, 병원 간호사, 병원 행정직원, 한의원 실장, 유치원 원장, 치과병원 원장 등 다양한 업종의 사람들이 모임에 참석하고 있다.

영남 모임이지만 구본형 선생의 정신을 찾아 서울이나 영남 외 지역에서 비정기적으로 참석하는 분들도 있다. 초창기 멤버는 거의 그대로인데 참석을 강요하는 사람이 없어도 집안의 대소사나 천재지변이 아니면 무조건 참석하는 것을 실천하고 있는 배움터다. 관계가 끈끈하고 배려심이 깊으며, 상호 존중하는 면이 강한 특징을 가진 모임이다. 나이 든 회원들이 항상 희생하며 모임을 끌어가기에 뿌리가 아주 튼튼한 곳이다.

이 모임 역시 많은 회원이 거쳐 갔지만 열 명에서 열다섯 명의 회원이 꾸준히 참석하여 도반의 길을 함께 가고 있다.

일기일회

세 번째 결성한 모임이 일기일회(一期一會)다. '한 번 만나면 그 인연을 영원히 가져간다'는 불가의 인연설에 근거한 이 모임은 2012년 초에 시작되었다. 창원 지역의 우수 공부모임으로 선정되어 창원시보와 지역방송에 보도되기도 했다.

이 모임은 안상헌 작가와 나 그리고 (사)교육네트워크 시선이 후원하여 끌어가고 있는 뉴리더 육성 멘토링 클럽이다. 매월 마지막 주금요일 저녁 7시에 시작되어 11시쯤 끝난다. 매월 발표자로 선정된 사람이 선정된 책을 읽고 PPT로 정리해서 30분가량 발표한 후 질의응답 시간을 가진다. 발표가 끝나면 다른 참석자들이 돌아가며 자신이 읽으면서 느낀 점과 감명 깊은 구절을 낭독하고, 궁금한 부분에 대해서 질문하며, 함께 토론할 주제를 상정한다.

토론 중간중간에 안상헌 작가나 내가 참석자들이 궁금해하는 부분에 대해 보충설명을 해주거나 책을 읽으면서 느낀 다른 관점을 이야기해주고, 연관된 책들을 소개하면서 폭넓고 깊게 공부할 수 있도록 가이드 역할을 한다. 또한 모임에 참석해서 어떻게 변화되고 있는지 성장한 부분과 앞으로 보완하면 좋을 부분에 대해서도 알려준다.

모임 구성원은 방송사 아나운서, 외국계 기업 팀장과 과장, 대기업 교육 담당 대리·인사 담당 과장·품질 담당 과장 및 대리, 전통한옥을 짓는 장인, 컨설팅 회사 기획팀장, 디자이너, CS 강사, 소통 강사, 평생교육 담당 팀장, 공무원, 인문학 교사, 주부 등 다양하다. 이 모임은 봄과 가을에 정기적으로 독서 힐링 캠프를 1박 2일로 떠난다. 이 자리에는 가족들도 함께 참석해 우정을 나눈다.

또한 수시로 번개를 통해 개인의 고민이나 축하를 나눈다. 회원 간 업무 교류가 활발하며, 자기가 가진 역량을 멘토링하는 역할까지 기꺼이 하는 모임이다. 일기일회의 정신을 실천하여 회원 간에 귀한 인연이 될 수 있도록 진심을 다하는, 보기 좋은 모임이다. 그들의 성장을 보는 것이 대견하며 보람을 느끼고 있으며, 오래오래 계속되어

회원들이 각자가 활동하는 공간에서 선한 영향력을 발휘하길 기대한다.

———— 멀리 가려면 함께 가라

독서모임을 운영하면서 사람들을 통해 배우는 것이 많았다.

한 부류는 독서포럼 자체를 인맥 형성이나 비즈니스 확대 차원으로 생각하는 사람들이다. 이 유형은 주로 몇 번 참석하다가 이런저런 이유를 들며 흐지부지 유령회원이 된다. 또 한 부류는 자기계발에 대해 막연한 필요성을 느끼는 사람들이다. 초기에는 열성적으로 참여하다가 자기가 원하는 도약이 이루어지지 않는다고 느낄 때 '여건이 되면 참여하겠다'는 말을 남긴 채 역시 유령회원이 된다.

마지막 부류는 생계와 사회적 지위 등에는 전혀 문제가 없는데, 결핍을 느끼는 사람들이다. 나는 그들을 실존적 고독을 느끼는 사람들이라고 부른다. 생존형 공부를 넘어 실존형 공부가 절실한 사람들이다. 이 부류의 사람들은 자기 공부의 목적이나 목표를 찾아 꾸준히 공부를 실천하면서 임계점 돌파를 위해 부지런히 노를 젓고 있는, 배움터의 주인이 되는 사람들이다. 당장 성과가 없고 이득이 되지 않더라도 책과 토론 그리고 사람을 통해 자신이 원하는 구조물을 다듬고 만들어가며 마라톤 공부를 실천하는 사람들이다.

임계점을 돌파하는 공부로 도약하기 위해 필요한 몇 가지 기준을 조언한다면 다음과 같다. 현재 독서모임에 참여하고 있는 사람이나 앞으로 참여하고자 하는 사람이라면 특히 도움이 될 것이다.

먼저, 책을 읽고 토론에 참여하기 전에 당신만의 공부 목적이나 성장 계획을 설계하면 좋겠다. 그런 노력이 없다면 책을 읽고 토론하며 관점을 넓히는 노력이 생각만큼 사고의 활성화에 도움을 주지 못할 수도 있기 때문이다.

다음으로 실천적 자세를 가져야 한다. 자기 고민이나 질문 없이 독서모임에 참석해서 그저 듣기만 하거나 지식을 나누는 행위만으로는 사고 활성화를 통해 임계점을 돌파하기는 어려울 수 있다. 독서모임에서 정보와 지식을 늘리고, 토론기술을 발전시킬 수는 있을지 모르지만 당신 삶의 독특함을 만들기에는 부족할 것이기 때문이다.

토론을 진행하다 보면 독서토론의 목적에서 한참 벗어난 사람들도 만난다. 선정된 도서를 읽고 작가의 사상에 대한 핵심을 파악한 후 자기 생각을 정리해서 다른 사람과 나누고 다음 단계로 성장해야 하는데 그렇지 못한 경우다. 선정된 도서를 건성으로 읽은 후 자신이 필요로 하는 몇 가지 키워드를 가지고, 자기의 아집과 결합하여 토론을 하는 형태다. 이런 유형의 참석자는 주로 심리적 기법이나 성공의 방정식, 적게 노력하고 더 많은 성과를 얻을 수 있다는 류의 책을 주로 읽은 사람들인 경우가 많았다. 좋은 삶이나 임계점 돌파를 위한 공부가 목적이 되기보다는 여전히 생계의 목적으로 독서모임의 문을 두드리는 것이다. 이렇게 될 경우 스스로 지쳐서 독서모임을 그만두게 된다. 안타까운 일이다.

최근에 특히 삶의 기준이 모호한 사람들이 늘어간다는 것도 느꼈다. 이런 사람들과 이야기를 나누면 답답하다. 배움이 늘고 많은 책을 읽었음에도 삶의 기준이 모호하다는 게 어떤 의미일지 생각해본 적이 많다. 그런 사람들과의 대화에서 느끼는 궁금증은 '배우는 것이 과연 우리 삶을 얼마나 가치 있게 할까?'라는 것이다.

욕망의 과잉 시대를 맞아 자본주의의 충실한 논리를 의심 없이 받아들이고, 폐기처분된 이념의 세계 속에서 자신의 욕망 결핍에 대해 궤변을 늘어놓는 지적 허영에 빠진 사람들을 가끔 만나는데, 매번 안타깝다.

공부가 좋은 삶을 살아가는 데 실천적 도움이 되지 않는다면, 집요하게 노력하는 것이 사고의 활성화 과정을 통해 도약하고 자기개념의 단계로 나아가지 않는다면, 우리는 단지 공부하는 습관에 빠져버릴지도 모른다. 공부를 지속할 의지가 부족하다면 먼저 가까운 곳의 독서모임에 가입할 것을 권해드리고 싶다. 함께 가면 험한 길도 즐겁고, 함께 가면 또 길이 생긴다. 공부란 길 끝에 찬란한 목표가 있는 게 아니라 과정 자체를 선택하고 집중해서 몰입하는 아름답고 위대한 발걸음이기 때문이다.

최근에도 애플인문학당과 관련된 독서모임이 만들어졌고 앞으로도 그런 모임은 계속될 것이다. 이 모든 일은 2004년 안상헌 작가의 책《체인지》를 읽고서 전화를 한 인연에서 출발했다. 독자와 작가로서의 첫 만남은 12년이 흐르면서 함께 공부하는 것을 넘어 사단법인과 주식회사, 출판사를 만들고 청소년 인문학 학습지 회사 애플인문학당을 만드는 데까지 이어졌다. 그렇게 사업과 공부 도반으로서의 길을 함께하게 되었다.

그와는 이제 굳이 서로의 존재를 설명하지 않아도 된다. 많은 말을 하지 않더라도 표정을 보는 것으로 즐겁고 한 공간에서 일하는 것만으로도 자존감이 높아진다. 공동의 비전을 만들고 한 식구로 오래오래 선한 영향력을 발휘하려는 노력을 우리는 함께 해나가고 있다. 안 작가와 나의 뜻을 늘 잘 헤아려 기획 일부터 모든 일을 도맡아서 하고 있는 강샤론 국장이 늘 고맙다. 그와도 좋은 인연을 맺은 것이 벌써 8년이 되었다.

또한 많은 분들이 이런 우리의 선한 가치에 박수를 보내고 동참하기에 우리 또한 초심을 잃지 않고 그 길을 가기 위해 최선을 다하고 있다. 그런 면에서 (사)교육네트워크 시선을 비롯한 세 개의 회사(주식회사 교육네트워크 시선, 애플인문학당, 도서출판 시선)는 내게 지금보다 미래가 더 궁금한 조직이자 심장이요, 혼이다. 나는 이 조직이 30년 이상 유지되는 최고의 조직이 될 수 있도록 토대를 튼튼하게 쌓는 역할을 자임해왔으며, 앞으로도 이 역할에 온 힘을 기울일 것이다.

안상헌 작가와 나누는 지적 대화는 사고를 활성화하고 자기개념을 얻는 데 큰 통찰을 준다. 또한 독서모임 사람들과의 지속적인 토론을 통해 내가 공부를 통해 얻은 통찰을 나누고 개인에게 맞는 맞춤형 코칭도 하는데, 질의응답 과정에서 부족한 부분을 발견하고 그것을 채우고자 계속해서 공부하게 된다.

이와 같은 학습의 선순환 구조 속에서 나는 내가 알지 못했던 또 다른 나를 만나기도 하고, 새로운 나를 만나기 위해 길을 떠나기도 한다. 당신도 어떤 방식이든 그런 여행을 함께할 수 있는 동반자를 만나기를 빈다. 그러면 임계점 돌파가 훨씬 앞당겨질 것이다. 그러자면 이것저것 기웃거리느라 시간을 허비하지 말고 하나의 일에, 한 사람에게 당신의 모든 혼을 바칠 수 있도록 집요하게 도전해야 한다.

잘할 수 있는 것을
집요하게 파고들어라

출장 온 친구와 저녁을 함께했다. 친구가 헤어지기 아쉬운지 당구
한 게임 하자고 한다.

"당구 칠 줄 모르는데…."

"스크린 골프 한 게임 할까?"

"골프 안 치는 거 알잖아."

"…."

어이없어하는 친구에게 머쓱해져 말한다.

"나 참 재미없지. 나도 가끔 내가 무슨 재미로 사는지 모르겠어."

우리는 그렇게 선술집에서 술잔을 기울이며 이런저런 이야기를 나
누는 것으로 만남을 마무리했다. 그 친구를 만날 때마다 그의 다재

다능함에 놀라고 솔직히 기가 죽는다. 그는 새벽까지 술을 마셔도 아침 일찍 일어나 종일 강의를 하고, 일주일 내내 전국을 돌아다녀도 지칠 줄을 모른다. 테니스, 골프, 볼링, 탁구 등 모든 운동에 뛰어나다.

야구선수 출신이어서 그럴 것이라고 이해해보려 하지만 전문가로서의 능력 또한 나보다 훨씬 뛰어나다. 게다가 외모도 잘났고, 성격까지 호탕해서 가끔은 저 친구가 왜 나와 친구가 되자고 했을까 하고 의아스럽게 생각한 적도 있다.

처음 만난 사람들 중에는 내 삶이 참 재미없을 거라고 말하는 사람들이 많다. 이런 나의 무취미는 대학교 시절로 거슬러 올라간다. 그때나 지금이나 여전히 나는 참 재미가 없는 사람이다. 선천적으로 운동 능력이 떨어져 재미를 못 느끼는 것이 첫 번째 이유라면 그런 곳에 관심을 둘 만큼 능력이 탁월하지 않음이 두 번째 이유다. 남자들의 세계에서 취미활동을 하는 것은 인간관계를 유지하는 데 필수적이다. 그런 측면에서 나는 남자로서 반쪽짜리 인생을 산다고 해도 크게 틀린 말은 아니다.

다른 사람이 "좋아하는 것이 뭐냐"고 물어도 특별히 대답할 말이 없는 내가 이상할 때도 있다. 책을 읽는 것을 좋아하고, 친한 사람들과 만나 술 한잔 하면서 이야기를 나누는 것을 좋아하고, 각종 스포츠 보는 것을 좋아하는 것이 그나마 내가 생각하는 내 취미다. 이런 생활을 한 지도 벌써 30년이 넘었다.

하지만 내가 처음부터 그랬던 것은 아니다. 한때 태권도와 테니스, 탁구를 배운 적이 있었는데 재미가 없었다. 재능이 없었기 때문이다. 재미가 없으면 몸과 마음에서 멀어지는 법이다. 내가 가진 장점이 있다면 나는 다른 사람이 잘하는 것을 인정하고, 내가 못하는 것을 솔직하게 인정한다는 점이다. 그래서 다른 사람이 잘하고 내가 못하더라도 특별히 부럽거나 불편함을 느끼지 않는다.

다행인 것은 책을 읽고 사색하고 홀로 고독을 즐기는 활동을 하는 것에는 24년째 지겨움을 느끼지 않는다는 것이다. 퇴근해서 특별히 할 일이 없으면 이런저런 책을 읽고, 특히 주말엔 종일 도서관에서 보낸다. 그러다 보니 이제는 쉬는 날이 되면 도서관을 가라고 아내나 자식들이 눈치(?)를 주기도 한다. 습관이란 이처럼 무서운 것이다. 혼자만의 습관이 아니라 내가 머무는 가정이라는 공간에까지도 배어들기 때문이다.

베토벤은 "진정한 자유를 얻기 위해서는 절대적 고독과 친구가 되어야 한다"고 했다. 그는 평생을 처절하게 일하고 고독한 삶을 살다가 죽었다. 베토벤은 '음악의 성인'이라는 악성(樂聖)이란 별칭을 얻으며 〈운명 교향곡〉 등 엄청난 작품을 남겼지만, 나는 24년을 공부했어도 내놓은 게 별로 없다. 하지만 공부하는 삶을 통해 또 다른 나를 찾기 위해 계속 혼자놀이를 즐길 것이다. 그곳에서 내 실존을 찾을 수 있고, 물리지 않으며, 보통 사람들보다는 조금 더 잘할 수 있기 때문이다.

어린 시절부터 지금까지 내 삶에서 풀리지 않는 궁금증이 있다. '나는 왜 태어났는가?' 하는 물음이다. 당신도 가끔 그런 생각을 한 적이 있겠지만, 나는 그 정도가 조금 심했다. 내 삶이 유독 평탄하지 않았던 것도 그 때문일지 모른다. 어쩌면 임계점을 돌파하는 공부를 24년간 계속할 수 있었던 것도 그 이유를 스스로 밝히고 싶었기 때문일 것이라 생각한다.

공부를 하다가 만나게 된 실존주의 철학자 장 폴 사르트르의 '인간은 피투된(被投: 이유 없이 내던져진) 존재다'라는 말과 그럼에도 '기투하는(企投: 기업을 일으키듯 자기만의 삶을 살아야 하는) 존재'라는 말을 알고서 조금은 그 궁금증이 풀렸다. 남들이 잘하는 것들을 못하더라도 내가 잘할 수 있는 한 가지를 계속하면서 독특함으로 살아갈 용기를 얻는다.

나는 동양적 성공의 대명사인 입신양명(立身揚名)이란 말도 불편하고, 공부를 하면서 알게 된 서양의 자조론(自助論)이나 계몽주의(啓蒙主義)적 성과제도에 대해서도 낯설다. 불편하고 낯설다는 말은 곧 내 삶이 경쟁적이지 않다는 이야기다. 철학자 에리히 프롬이 주장한 '소유와 존재'의 측면에서 존재 중심의 삶을 지향한다는 것이다. 그런 내 모습을 오랜 시간 가까이서 지켜본 아내나 지인들은 한량(閑良)의 팔자를 타고났다고도 한다.

나는 사람들과 지나치게 경쟁하면서 살아가는 삶이 싫다. 경쟁은 늘 승자와 패자를 낳는 것이기에, 내가 패하는 것도 기쁘지 않고 다른 사람이 나로 인해 피해를 보는 것도 마음이 편치 않다. 내게도 남들이 말하는 성공의 기회가 몇 번 있었다. 하지만 나는 그런 선택을 하지 못했다. 불편함까지 느끼면서 성취를 해야 한다는 동기가 솔직히 내겐 없다.

그런 면에서 본다면 나는 요즘 자주 화제가 되는 '나는 자연인이다'의 주인공 같은 삶을 살아야 마땅한 사람이다. 니체가 말한 아폴론적 인간보다는 디오니소스적 요소가 내겐 훨씬 더 많다. 그래서 날 잘 모르는 사람들은 왜 사람들 속에서 살고 있느냐고 놀리기도 한다. 하지만 난 혼자 사는 것은 싫다. 혼자 살기에는 삶이 너무 외롭다고 느낀다.

정의하자면 나는 '문명과 자연 사이에 가로놓인 주변인'이다. 이런 내가 이해되지 않는다면 당신은 당신이 잘 이해되는가? 이것이 우리가 지금 겪고 있는 알베르 카뮈가 이야기한 '부조리한 삶'인지도 모른다는 생각을 가끔은 해본다.

나는 소란스러운 것이 싫다. 많은 사람이 모여 떠들고 노는 것도 그다지 좋아하지 않고, 그런 모임들이 귀찮다는 생각이 더 많다. 그러다 보니 가족, 가까운 사람이라는 이유로 일상적인 활동에 날 끌어들이는 것이 싫은 적이 많다. 인간은 누구나 자신을 합리화하고 사는 존재다. 단지 이런저런 이유로 그것을 유예하면서 살아가고 있을 뿐이라 여긴다. 내가 다른 사람과 다른 점이 있다면 유예를 최소화하고 있다는 차이뿐인 것이다.

나는 마음이 가지 않는 곳에 에너지를 투입하느라 주어진 삶을 허망하게 보내고 싶지 않다. 그래서 '욕망 내려놓기'라는 일을 매일 한다. 24년간 계속하고 있는 임계점을 돌파하는 공부가 이런 실마리를 주었다. 만일 내가 스물아홉 살에 공부를 하겠다고 작심하지 않았다면, 아마 내가 원하는 삶보다는 이 사회가 요구하고 다른 사람들이 요구하는 삶을 위해 대부분의 시간을 보냈을지도 모른다.

나는 인간관계에서 거래 관계보다는 무거래 관계가 좋다. 그래서 지금처럼 마음이 맞는 몇 명과 함께 일하고 사는 환경이 아주 좋다. 홀로 책을 읽고 있으면 그렇게 마음이 편안할 수가 없다. 책을 읽는 것은 누구와 경쟁을 하지 않아도 된다는 것이기 때문이다. 목표를 정해놓더라도 달성 여부에 대해서는 아무도 관여하지 않는다. 조급할 것도 없고 좀 이해가 되지 않는다고 하더라도 머리 몇 대 쥐어박으면서 '나도 참 멍청하구나!' 하고 느끼면 그뿐이다.

그러다 어느 날 섬광과 같이 아이디어가 떠오르면 몹시 기뻐하고, 칼럼이나 글을 쓸 일이 있을 때 그 일을 무난하게 할 수 있으면 내가 가진 지적 자본에 감사한다. 그럴 땐 '재미없는 사람도 좋아하는 분야를 찾아 집요하게 몰입하면 이런 날도 오는구나' 하고 위로를 받는다. 이런 경험들은 삶이 힘겹고 책조차 읽기 귀찮아질 때 나를 일으켜 세워 다시 걸어가게 하는 충실한 그림자 역할을 한다.

나도 사람인지라 가끔은 책이 지겨울 때도 있다. 성장이 눈에 보이지 않고, 고민하는 것이 풀리지 않을 때 더욱 그렇다. 그런 면에서는 김용옥 교수처럼 치열하게 공부하는 것을 평생의 업으로 삼기에는 아직 사명도 부족하고 열정도 부족한가 보다고 인정하면서 다음 기회를 노린다. 나는 뭐든 너무 빡세게 하는 것을 좋아하지 않는다. 그러면 꼭 누가 목을 조르는 것만 같은 생각이 든다. 내가 그렇게 사는 것은 그렇게 해서까지 바라는 것이 없기 때문일 것이다.

이런 나를 사람들은 특이하다고 한다. 특이하다는 것은 단점이기도 하지만 장점일 수도 있다. 나는 그 특이함을 위해 잘하는 것에 대부분의 시간을 보낸다. 못하는 것에는 관심을 두지 않으며 스트레스도 받지 않고 욕망도 하지 않는다. 이것은 곧 약점을 보완하느라 에너지를 소진하지 말고 잘하는 것에 에너지를 쏟으라고 하는 '강점혁명전략'이다.

공부 외에 별다른 취미가 없으니 고민할 거리가 적어서 좋다. 그것을 인정만 하면 다른 사람들이 관심을 갖는 많은 것에서 벗어나 생활이 단순해지는 이득도 있기 때문이다. 건강관리는 홀로 하는 등산이나 조깅, 108배만으로 충분하다. 등산클럽에 가입해서 함께 움직이면 덜 외롭고 재미있는 인생살이를 배울 수 있지만, 또 다른 규율과 관계를 잘하기 위한 활동을 해야 한다는 억압이 존재하기에 내키지 않는다.

다른 사람이 느끼는 즐거움일지라도 당신에게 억압이나 스트레스가 된다면 그건 분명 좋지 않다고 생각한다. 인생살이가 그렇듯 모든 모임은 회자정리(會者定離)의 과정을 동반한다. 만나면 언젠가는 헤어져야 한다는 것, 그것은 내겐 큰 상처가 된다. 또한 불특정 다수에게 원하건 원하지 않건 진실은 물론이고 때론 적당한 가식도 보여야 한다는 건 내 삶에서 피하고 싶은 불편한 부분이다.

인간의 삶 자체가 그런 관계의 연속이라고 한다면 그에 대해 내가 반박할 논리는 없다. 단지 모두에게 선택의 문제일 뿐인 것이다. 당신이 선택하고 책임진다면 당신은 어떤 선택조차 비교적 자유롭게할 수 있는 존재다. 그럴 때 삶의 단순함이 필요하다. 요구가 줄어들면 욕망도 줄어든다. 수입이 적으면 적은 대로, 남들이 인정해주지않으면 그런 대로 그 자체를 온전히 받아들일 수만 있다면 삶은 생각만큼 그렇게 부산을 떨지 않아도 된다.

예를 들어 골프를 하게 되면 만나는 사람의 관계가 확장되고 내가종사하는 직업에서 분명 도움이 될 수 있으리라는 점을 바보가 아니기에 나도 안다. 하지만 무슨 욕망 때문에 좋아하지도 않는 것을 억지로 해야 한다면 그 자체가 내겐 오히려 고통이다. 그런 조언과 충고를 들을 때도 나는 별로 부럽거나 마음이 가지 않는다. 절친이 27홀 골프장의 사장이라도 그렇다.

그렇지만 다른 사람이 다양한 취미활동을 하면서 사는 삶은 존중한다. 모든 사람은 자신이 필요하다고 느끼거나 옳다고 느끼는 방향으로 살게 되어 있다. 본인이 원한다면 그렇게 하면 되고 본인이 즐기면서 잘 살면 되는 것이다. 하지만 평안감사도 자기 싫으면 그만 아닌가? 한 번뿐인 인생에서 나는 억압을 느끼거나 하고 싶지 않은 것은 되도록 하지 않으려 한다. 그런 면에서 나는 지극히 이기주의자일지 모른다.

당신도 혹시 그렇지는 않은가? 하기 싫은 일로 인해 후회하는 시간을 많이 보내지는 않는가? 인간은 언제나 억압을 느끼면서도 욕망에 끌려 또 다른 페르소나를 만들며 살아가는 존재다. 인간의 그런 본성을 이해하면 다양성을 존중할 수 있게 된다. 그래서 나에게 취미가 없다는 것이 내 삶에 불편함을 주지는 않는다. 나는 한 번뿐인 인생을 잘하지도 못하고 재미도 없는데 유행이 그렇다고 따라 하느라 스트레스 받으며 보내고 싶지 않다. 그냥 책과 함께 임계점을 돌파하는 공부를 하는 것이 내겐 아주 편안하고 즐겁기에 그 일만 열심히 할 뿐이다.

혹여나 이런 내 삶의 방식 때문에 아주 모나고 인간관계가 엉망인 생활을 할 것이라고 걱정하는 독자가 있다면, 걱정하지 마시라. 내 주위에는 솔직하고 가슴이 따뜻한 사람이 여럿 있고, 능력자들도 꽤 있다. 난 그들과 주기적으로 교류하면서 외롭지 않게 잘 살고 있다. 글은 곧 그 사람의 삶이 되어야 한다는 게 평소의 생각이다. 글과 말과 실제 만난 그 사람의 모습이 같을 때 우리는 그 사람을 진심으로 존중하게 된다.

내가 글을 쓰는 원칙은 늘 한결같다. 글로써 나를 위장하고 싶지 않으며, 내가 경험하거나 사색하지 않은 것으로 선량한 독자들을 우롱하고 싶지도 않다. 고독하게 지내는 것이 가끔은 외롭기도 하다. 그럴 때 나는 보고 싶은 사람들에게 전화를 한다. 가끔 이메일이나 편지도 보낸다. 아무 이유 없이 그냥 생각이 나서 주기적으로 통화하는 사람들도 많이 있다.

그냥 나는 그들과 함께 살아가는 이야기를 나누는 것이 참 즐겁다. 비록 같은 취미를 갖지 못해 함께 땀 흘리는 즐거움을 느끼지는 못하지만, 그들의 이야기를 잘 들어주는 것에서 나는 실존을 느낀다. 개인사에 대해 주기적으로 통화하는 사람들이 자꾸만 늘어간다. 가끔 그들을 만나 한잔하면서 전화로 느끼지 못하는 깊은 우정을 나누기도 하는데, 이런 일은 내 삶의 큰 즐거움 중 하나이자 내 삶을 가치 있게 한다.

그들이 나를 반기는 것에는 임계점을 찾아 꾸준히 공부하는 내 모습도 긍정적인 영향을 주리라 여긴다. 그들과의 만남은 언제나 내 삶에서 최우선의 선택사항이 된다. 천재지변이 없다면, 난 그들이 전화하면 모든 일을 제쳐두고 달려간다. 나는 그들과의 인간관계를 위해서 몸이 받지도 않는 술을 마신다. 하지만 그다음은 힘들다. 선천적으로 술을 잘 못 마시는 몸으로 태어난 탓이다.

사람이 좋아 체질에도 맞지 않는 술을 억지로 마시다 보니 만성 위궤양을 앓게 됐고, 어언 30년도 넘었다. 좋다는 약을 다 먹어보았으나 차도를 보이지 않아 그러려니 하고 산다. 이렇게 술과 상극임에도 나는 술자리를 피하지 않는다. 친한 사람들과 건배하는 것이 기분을 좋게 하고, 약간의 취기가 오를 때 나누는 정담들도 좋다. 그런 자리에서는 24년간 임계점 돌파하기 공부를 선택해서 노력한 것이 어떤 안주보다도 더 좋은 역할을 한다.

별 취미도 없고 특출 나게 뛰어난 능력도 없는 내가 좋은 사람들과 만나 우정을 나누기 위해서는 술이라도 마셔야 한다. 아내나 자식들은 이런 내 모습이 안타까워 걱정을 하지만 그마저도 없으면 내 삶이 너무 재미없다는 것을 알기에 바가지를 긁지는 않는다. 그런 즐거움도 없다면 내 삶은 너무 삭막해질 것 같다. 그러면 책과 함께하는, 임계점 돌파를 위한 공부도 재미없어질지 모르겠다.

술을 끊고 그 시간에 임계점 돌파하기 공부에 매진했다면 아마 지금보다 훨씬 더 나은 성과를 이루었을 것이다. 하지만 비록 발전이 더디더라도, 술 먹은 다음 날 힘들더라도 나는 지인을 만나 술잔을 기울이며 추억의 탑을 쌓아나가는 것이 내 삶의 성장과 성공보다 중요하다고 여기며 산다.

그런 나의 취미 아닌 취미 때문에(사람을 좋아하는 것도 취미라면 취미 아닐까?) 나는 분에 넘치는 사람들과 함께하며 내 인생의 나이테를 만든다. 반 개쯤 손해보고 살면 어떤가? 공부와 사람이 있는 삶만으로도 난 충분하고 만족한 삶을 산다.

시장을 만드는
사람이 되라

"보통 선생은 지껄인다. 좋은 선생은 가르친다. 훌륭한 스승은 해 보인다. 위대한 스승은 가슴에 불을 지핀다."

철학자 알프레드 화이트헤드의 말이다. 항상 가슴에 새기고 있는 금언이다. 남을 가르치는 직업에 종사하는 사람이라면 항상 가슴에 새겨야 하는 충고다. 이와 같은 기준이 없다면 가르치는 직업 또한 생계를 해결하는 하나의 수단에 그치고 말 것이다. 위대한 것이 되려면 생계 이상의 뭔가가 꼭 필요하다. 그것을 우리는 사명이라고 부른다.

지식사회가 된 후 강사라는 직업을 갖고 싶어 하는 사람이 의외로 많다. 지적 자산을 사용할 곳이 마땅치 않다는 것도 이유가 된다. 강사가 되고 싶어 주기적으로 연락하는 사람들이 있고, 강의 때도 심심찮게 강사라는 직업에 대해 궁금해하는 사람을 만난다. 그럴 때마다 "강사라는 직업을 생계를 위해 선택하지는 마세요. 3년을 버티지 못할 것입니다"라고 말한다. 14년째 강사로서 종사하고 있지만, 경력이 더해질수록 쉬워지는 것이 아니라 훨씬 더 어려운 직업이라는 것을 느끼기 때문이다.

나는 얼떨결에 강사가 된 사람이다. 2003년 봄 한 통의 전화를 받았다. "저희 회사 신입사원을 대상으로 특강을 부탁합니다"라는 내용이었다. 인터넷에 올린 중국 문화에 관한 글을 읽고 S전자의 교육 담당자가 강의 의뢰를 한 것이다. 신기하기도 했고, 두렵기도 했다. 하지만 어쩌랴! 인생은 늘 우연을 계기로 바뀐다고 하지 않던가. 누구에게 배운 적도 없고 경력마저 없었지만, 도전해보기로 했다. 두려움과 떨리는 마음으로 강의가 어떻게 되었는지도 모른 채 마쳤다. 교육 담당 15년 경력의 과장과 점심을 하면서 보통 정도는 되는 강의라는 평가를 받았다.

첫 강의 후 다른 곳에서도 강의가 들어올 것이라고 내심 기대를 했다. 하지만 시장의 반응은 싸늘했다. 심지어 날 잘 알고 있는 교육 담당자들조차 내게 어떤 강의도 의뢰하지 않았다. 전문성을 드러낼 것이 별로 없었기 때문이다. 세상은 원래 그렇게 냉정한 법이다. 그래서 더욱 공부에 매진했다. 아울러 시장 분석과 브랜딩도 시작했다.

일반인에게 직업이 강사라고 하면 잘 알지 못하므로 설명을 해야 하는 때가 많다. 그 종류가 많기에 간략히 안내하고자 한다. 내가 종사하는 직업은 통상적으로 기업 교육 강사라고 부른다. 주로 KSA, 즉 K(Knowledge: 지식), S(Skill: 기술), A(Attitude: 태도)를 다룬다. 기업 교육 강사는 KSA를 두루 가르친다고 보면 될 것 같다. 최근 트렌드는 A보다는 핵심역량이라고 해서 KS 쪽 비중이 높다. 주 고객은 기업, 공공단체, 학교 등 다양하다.

기업 교육 강사가 되는 방법은 다양한데, 몇 가지로만 정리하면 다음과 같다.

첫째, 유명인이 되어 강의를 하는 경우다. 김정운 교수나 공병호 박사, 윤은기 박사, 혜민스님, 개그맨 전유성, 권투선수 출신 홍수환 등이다. 쉽게 말해 TV나 동영상에서 흔히 볼 수 있는, 대중에게 잘 알려진 강사들이다. 강사료가 비싸고, 모시기가 어렵다.

둘째, 유명 작가 출신이다. 유홍준, 김훈, 조정래, 신영복, 최재승, 한비야, 최윤식, 고미숙, 김용택, 안상헌 작가 등이다. 자기가 연구한 분야의 책을 낸 작가로 전문성이 검증되어 강의활동을 하는 사람들이다. 이 부류 역시 유명세로 강사료가 비싸다.

첫째와 둘째 경우의 강사를 흔히 특강강사라고 부른다.

셋째, 해당 분야의 경험을 바탕으로 전문적으로 배워서 강의를 하는 경우다. 주로 도제 방식처럼 강의를 잘하는 사람을 스승으로 모시고 따라다니면서 배우거나, 기업체 또는 공공 단체에서 교육 담당으로 오래 근무한 경력을 가지고 강사양성 과정 등 여러 프로그램을 이수해서 강사가 되는 경우다. 프로그램이 정형화되어 있는 것이 특징이다. 잘 알려진 스티븐 코비 리더십, 데일 카네기 코스, 유답 프로그램, NLP 등이 이에 속한다. 분야와 실력, 강사료는 천차만별이다. 세 번째 강사는 패키지 강사라고 부른다.

나는 이상의 어디에도 해당하지 않고 아무런 준비 없이 그냥 강사가 된 경우다. 그러니 갑자기 유명인이 될 리도 없었고, 다른 사람을 따라다니면서 도제처럼 배울 입장도 아니었으며, 저자가 되어 전문성을 인정받을 실력도 없었다. 배수진을 치는 심정으로 전문성을 인정받고 있는 기업 교육 강사 여섯 명(서울 거주 세 명, 지방 거주 세 명)을 분석해보았다. 어렴풋이 내가 가야 할 목표점이 보였다.

때론 무식한 사람이 용감하다고 뒤도 돌아보지 않고 앞으로 나아갔다. 우연히 시작된 강사라는 직업의 도전은 4년 만에 소기의 성과를 거두었다. 기업체 교육 담당이 내부정보로 돌려 보는 2007년 기업 교육 명사 23인에 선정되는 영광을 얻은 것이다. 4년의 시간 동안 수많은 설움을 겪은 것은 물론이거니와 소위 업계 전문가들로부터 '안 된다'는 이야기도 들었다. 하지만 나는 오직 나를 믿었고, 몇 분과의 좋은 인연과 운이 결합되어 직업적으로 연착륙을 했다. 임계점 돌파하기 공부가 가장 큰 힘이 된 것은 물론이다.

살면서 경험이 없어 고생할 때도 많지만, 경험이 없다는 것이 도움이 될 때도 있다. 내게는 임계점 돌파하기 공부가 그랬고 강사라는 직업 또한 그러했다. 경험이 없을 때는 전혀 새로운 방법을 찾게 된다. 나는 그것을 '맨 땅에 헤딩 작전'이라고 한다.

무슨 일이든 경험이 없으면 자기에게로 질문을 던지면서 시작하기 마련이다. '어떤 강사가 될 때 다른 강사와 차별화될 수 있는가?' 이 문제를 해결하지 않는 한 강사라는 직업에 대한 열망은 사춘기 짝사랑처럼 끝이 나리라는 것이 불 보듯 뻔했다. 두 가지 목표를 정했다. '아무도 흉내 낼 수 없는 강사가 되는 것, 최악의 조건에서도 강의를 완벽하게 해낼 수 있는 강사가 되는 것'이었다.

첫 번째 '아무도 흉내 낼 수 없는 강사'가 되기 위해서는 정형화된 프로세스보다는 비정형화된 프로세스가 필요하다. 쉽게 말해서 강의 주제에 맞게 강의안을 준비하지만 대상에 따라 언제나 접근방식을 다르게 하는 강의를 할 수 있는 능력이다. 우스갯말로, 순간 생각나는 대로 막 던지는 강의를 말한다.

이 방식의 장점은 기획자의 요구나 기대효과를 벗어나지 않으면서, 교육생의 요구도 수용하여 교육효과를 높인다는 점이다. 다른 강사(지금까지 교육생들이 봐온, 패턴이 예상되는 강사)와 차별화되는 강력한 인상을 줄 수 있다. 또한 상황이 급변할 때도 응용력을 발휘해서 몰입도를 높일 수 있다. 최대 장점은 강의가 끝날 때까지 교육생이 다음에 어떤 말을 할지 몰라 긴장도가 유지된다는 점이다. 단점은 교육이 의도대로 되지 않을 때 이상한 방향으로 흘러갈 수도 있다는 점이다. 특히 교육생들이 강사의 열강과 질문을 부담스러워할 때 그렇다. 정형화되지 않은 강의이기에 모든 대상을 완벽하게 만족시킬 수는 없다는 것도 단점이 된다.

어떤 대상이든 완벽한 피드백을 받을 수 있는 강의는 대개 연출된 강의인 경우가 많다. 이런 강의는 연극처럼 완벽하게 기승전결로 이뤄진다. 솔직히 나는 그런 강의가 싫다. 매번 비슷한 강의를 계속해야 한다는 건 또 다른 지겨움이자 앵무새가 되는 것이라 여기기 때문이다. 그런 내게 엄청나게 힘이 되어준 것이 바로 그때까지 계속해온 공부였다. 지금껏 경험한 바로 이 첫 번째 전략은 1년에 한두 번 실패를 했다. 하지만 90퍼센트 이상은 기획자, 교육생, 강사가 모두 만족하는 결과를 낳았다.

두 번째로 '최악의 조건에서도 강의를 완벽하게 해낼 수 있는 강사'다. 최악의 조건이란 주로 강의 보조장치의 결함에서 발생한다. 빔 프로젝트와 노트북 컴퓨터의 연결 불량, 소프트웨어 호환 어려움, 강의장 여건의 미흡, 정해진 시간의 이탈(늦게 시작되거나 빨리 끝내달라는 요구), 정전, 교육생의 통제 불능 등이다.

이럴 경우를 대비해 나는 항상 강의 1시간 전에 도착해서 모든 경우의 수를 점검한다. 이런 준비는 마음을 아주 편하게 해준다. 강사가 강의장에 늦게 도착하면 마음이 급해서 강의에 집중할 수 없게 된다. 미리 도착해서 몇 명의 교육생과 사적인 대화를 하면 강의 분위기, 교육생의 자세 등을 사전에 파악할 수 있고 질문한 교육생들과 마음의 거리가 좁혀져 훨씬 더 편안함을 느낄 수 있다.

또한 정전이나 기계의 접촉 불량 등이 발생하면 어떻게 하는가? 그런 상황에서도 강의를 할 수 있어야 한다. 그러기 위해서는 여러 분야의 다양한 경험도 있어야 하고, 교육생들이 궁금해하는 부분에 대한 폭넓은 사유도 있어야 한다. 8시간 정도는 아무 자료 없이 불 꺼진 상태에서 질의응답만으로도 강의를 할 수 있는 내공이 있어야 한다고 나는 생각했다. 실제로 그런 강의가 이뤄지기도 한다. 임계점을 돌파한 공부가 되면 그것이 가능해진다.

내가 주로 담당하는 과목은 변화혁신, 인문학, 자기계발(비전, 시간관리, 셀프리더십, 자기계발 방법 등), 성과를 높이기 위한 실천독서, 프로의식 등이다. 결국 임계점을 돌파하기 위해 24년간 공부한 것이 결국 내가 할 수 있는 강의과목뿐만 아니라 공부 문화가 되었다. 나는 지금도 강의 초기에 설정한 두 가지 목표를 잊지 않기 위해 거의 매일 공부를 한다.

다행스러운 것은 강의를 잘하기 위한 생계형 공부가 아니라 즐거운 공부 습관이 고객과 교육생에게 긍정적인 효과를 준다는 것이다. 이는 무엇보다 감사한 일이다. 그와 같은 상승효과가 즐거운 공부의 중독자로 만들어준다. 경험한 것을 계속해야 공부도 즐겁고 자기 일에 대한 보람도 느끼게 된다는 말이다.

돌이켜 생각하면, 강의 초기에는 교육생 입장도 생각하지 않고 무조건 강의를 잘해야 한다는 강박증에 빠졌었다. 내 생각과 가치관을 지나치게 주입하려는 성향 또한 있었다. 그러다 보니 가끔은 강의가 뜻대로 되지 않을 때 상처를 받곤 했다. 강의가 뜻대로 되지 않는 이유는 교육생이 받아들일 준비가 되지 않았음에도 열정으로 밀어붙이거나 교육생을 감정적으로 자극했기 때문이다. 선무당이었기에 그랬다. 부끄럽기도 하다.

한편 멋모르고 강의하던 시절에 대한 좋은 기억도 많다. 그땐 교육생도 즐거워했고 강의 피드백도 좋았다. 그런 과정을 거치는 동안 공부를 할수록 더 잘해야 한다는 강박, 좀더 수준 높은 통찰을 나누어야 한다는 요구가 오히려 교육생을 힘들게도 하고, 강의를 어렵게 한다는 것도 자연스레 알게 되었다. 연습은 실전처럼, 실전은 연습처럼. 그렇다. 요즘 내 강의가 실전에서 연습처럼 되는 것 같다. 너무 잘하려고도 노력하지 않는다. 그러다 보니 강의를 하는 나 자신이 많이 편해졌다고 느낀다. 그것이 교육생들의 편안함으로 이어지는 것이리라. 가슴에 불을 지필 수 있는 강사, 그것은 모든 강사의 로망이다.

그렇게 되기 위해서는 많은 것이 필요하다. 해박한 지식은 기본이고, 습득한 지식을 현실에서 접목한 사례가 있어야 하고, 선현들이 남긴 위대한 사상을 자기 것으로 내면화한 자기개념도 있어야 한다.

또한 어렵게 접근하려는 현학적 모습도 제거해야 하고, 누구든 쉽게 이해하고 공감할 수 있는 언어를 사용할 수 있으면 더욱 좋을 것이다.

그리고 휴머니즘을 바탕으로 한 지식인의 역할이나 각자의 역할에 대한 깊이 있는 성찰의 기회를 줄 수 있어야 한다. 죽비가 되어야 한다. 시간을 때우는 교육이 아니라 교육생 스스로 질문하도록 기회를 줄 수 있어야 한다. 익숙하고 습관화된 것들에 낯설음을 느끼게 하고, 관점을 확장할 기회를 줄 수 있어야 한다.

부족한 이야기를 들어주는 분들이 참 고맙다. 그런 직업을 가지게 된 것에 늘 감사한다. 그래서인지 나의 장거리 출장은 육체적으로는 힘들지만 정신적으로 즐겁다. 솔직히 하루에 10시간 운전하고 2~4시간 강의를 하고 오면 힘이 쫙 빠져 정신없이 잠에 빠져든다. 교육생들의 수용 태도가 좋지 않거나 배타성이 많은 대상을 향해 강의할 때면 그분들을 만족시키기 위해 소리를 내지르기도 하는데, 그러다 보면 강의를 마치고 탈진한 나를 보게 된다. 목이 붓고, 머리 한쪽이 심하게 아프고, 몸을 사시나무 떨듯 떨게 된다. 이런 때는 평가도 만족스럽지 않은 경우가 많다.

늘 강사의 최대 고민은 의미와 재미 사이에서 어떻게 줄타기를 잘 할까 하는 점이다. 아무리 의미 있는 강의라도 교육생이 거부하면 그 강의는 나쁜 강의가 되고, 아무리 재미있는 강의라도 교육생이 집에 돌아갈 때 본전생각을 하게 된다면 결코 좋은 강의라고 할 수 없다. 대상에 따라 그 균형을 잡아야 하는데 그것이 참 힘들다.

재미를 추구하고 나가기에는 강사를 왜 하는가 하는 본질이나 목적을 고민하게 되고, 의미를 추구하고 나가기에는 가치관 및 사명과 충돌을 일으킨다. 그래서 강의는 하면 할수록 힘들다고 하는 것일까? 강사에게 탤런트적인 면을 요청하는 경우가 늘고, 재미를 채워주라고 요청하는 경우도 많아졌다. 그럴 때 나는 이 직업에 계속 종사해야 하는가 하는 무거운 질문에 빠진다.

　그런 때는 밥맛도 없고, 직업적인 소명감에서 회의가 들기도 한다. 사실 이것이 인간의 마음이다. 그런 슬픈 마음을 안고 또 다음 강단에 서야 하는 것이 강사라는 직업이니 말이다. 축 처진 마음을 끌어올려 또 새로운 사람들에게 동기를 부여하고 성찰의 기회를 제공해야 한다는 것은 또 강사로서의 멍에이자 숙명이다. 그래서 강사는 늘 외롭다. 강의가 잘 끝나도 거리에 뒹구는 낙엽 같은 마음에 고독하고, 강의가 마음대로 되지 않으면 빈 소줏병같이 쓸모없다는 마음에 처연해진다.

　그래서 대중 강사와 연예인은 닮은 점이 많다. 어느 날 강사와 연예인의 닮은 점을 정리해보았다.

1. 고객의 사랑을 먹고 산다.

2. 불러주지 않으면 손가락 빨고 살아야 한다.

3. 직업은 같지만 등급에 따라 수입이 천차만별이다.

4. 자격은 갖고 있지만 롱런하는 사람은 드물다.

5. 사람들이 알아주기까지는 인고의 세월을 견뎌야 한다.

6. 도전하는 사람이 무수히 많다.

7. 늘 부업을 생각한다.

8. 미래가 불투명하다.

9. 가끔 자살의 충동을 느낀다.

10. 수입이 일정하지 않다.

11. 매스컴을 타기 위해 부단히 노력한다.

12. 포장을 위해 에너지를 투입한다.

13. 세대교체가 빠르다.

14. 특별함이나 차별성이 없는 사람은 곧 시장에서 사라진다.

15. 사랑받는 사람은 늘 소수다.

16. 불특정 다수를 상대해야 한다.

17. 평판을 통해 미래가 결정된다.

18. 한 번의 실수가 큰 징계로 돌아온다.

──────── 실패조차 나의 재산이다

오랜만에 TV에 등장하는, 기억조차 가물가물한 연예인의 인터뷰를 듣는다. 한동안 우울증이 너무 심했다는 말에, 하던 일을 멈추고 그를 쳐다본다. 그들의 심정과 별반 다를 것이 없는 게 강사의 인생이기 때문이다.

강사가 되고 나서 문득 보험회사 다닐 때의 마감이 생각났다. 보험 회사의 마감과 강사의 강의 스케줄은 비슷한 점이 많다. 늘 새로운 한 달을 준비해야 한다는 점에서 그렇고, 시간을 구획해서 실적을 구분해야 한다는 것도 그렇다. 무언가를 기다린다는 것은 늘 고통과 인내력을 수반한다. 텅텅 비어버린 스케줄을 보고 있는 달이면 한숨이 땅에 닿는다.

나는 나의 자유의지로 선택할 수 있는 것들을 늘려가기 위해 준비하고 있다. 인문학에 집중하는 것도 그 때문이다. 언제나 시장의 부름을 기다리며 시장이 요구하는 흐름을 따라가는 공부는 결코 즐겁지 않다. 그래서 경험한 것들을 더 깊이 있게 할 수 있는 분야를 만들어가야 한다. 이는 강사뿐만 아니라 공부를 하는 사람의 숙명이다.

어느 정도 자신이 주도권을 가지지 못하는 한 공부는 언제나 즐거움이 아니라 고통이 된다. 그것이 곧 이론적 공부로 업을 삼으려는 것의 한계다. 전문가가 이론적인 공부를 통해 한 분야에서 시대가 현재 요구하는 것을 제대로 제공해 연착륙한 사람이라면, 대가는 그 너머의 세계에서 세상이 뭘 요구하는지를 앞서 발견하여 필요한 것을 미리 제공해서 시장을 만드는 사람이다.

전문가의 공부보다는 대가의 공부가 되어야 경험한 것이 즐거운 공부가 된다. 정육점의 칼은 늘 사용해야 그 빛을 발하고, 시골 농부의 연장도 자주 사용해야 녹이 슬지 않듯이 강사 또한 자주 강단에

서야 흐름을 놓치지 않는다. 주력 강의를 지속적으로 하기 위해서는 시대 변화에 맞게 새로운 분야를 개척해야 하는 것이 강사의 숙명인 만큼, 공부 습관이 되어 있지 않은 사람은 늘 위기 앞에서 무력해질 수밖에 없는 직업이다.

매일 강단에 출정하자면 육체적으로 힘들지만 정신은 편하고, 자주 강단에 서지 못하면 육체는 편하지만 정신이 고단하다. 질문에 제대로 답변을 해주지 않는 교육생 앞에서 강사는 외로워진다. 공간과 시간을 홀로 마라톤처럼 끌고 가야 하기 때문이다. 이런 경험들은 사명을 완수하는 것이 얼마나 어렵고, 최고를 향해 나아가는 것이 얼마나 험난한가를 경험으로 가르친다. 그것은 투혼의 세계임에 틀림없다.

문득 세계의 명승부전으로 기억된 무하마드 알리와 조 프레이저의 빅 매치가 생각났다. 의지의 복서 조 프레이저는 그 경기를 마치고 실명되어 권투계를 은퇴했으며, 이 일을 계기로 투혼의 대명사가 되었다. 강사의 무대 또한 결코 이와 다르지 않을 것이다. 관중이 거의 없는 변두리 경기장의 경기에서 시작해 지역 챔피언, 한국 챔피언, 동양 챔피언, 세계 챔피언으로 나아가는 과정과 별반 다를 것이 없다.

문제는 변두리 경기장에서 경기를 하는 것과 세계 챔피언전 무대에서 경기하는 것 사이에 경기 자체는 그다지 차이가 없다는 것이다. 관중의 눈은 언제나 예리하고 명확하기에 늘 투혼을 불살라야 한다. 투혼을 통해 리얼한 한계 상황을 돌파할 수 있는 자만이 세계 챔피언전 무대에 설 자격을 얻으리라.

전문가나 대가가 되기 위해서는 오늘 어떤 무대에서 투혼을 발휘하고 있는가도 중요하지만, 궁극적으로 세계 챔피언전이 벌어지는 사각의 링에서 산화하지 않고 버텨낼 수 있는 그날을 꿈꾸어야 한다. 그래서 오늘 쓰러지더라도 나는 내일 다시 일어난다. 외유내강으로, 상처를 보듬으며 강한 자가 되어 다시 일어선다. 그 너머에 내가 꿈꾸는 진정한 세계가 기다리고 있기 때문이다. 내가 가장 좋아하는 말로 이 글을 맺는다.

"한 번뿐인 인생, 내가 선택하고 책임진다. 실패하더라도 그뿐이다. 하지 않는 것보다는 낫다."